자신만만

영어면접 회화교본

호텔실무영어

서상길 · 이대홍 · 구자혁 · 서정태 · 서광림 편저

기문사
KIMOONSA

마음의평화

Bible Corinthians 13

Love suffers long and is kind, 사랑은 오래 참고, 사랑은 온유하며
Love does not envy, love does 투기하는 자가 되지 아니하며,
not parade itself, Love is not 사랑은 자랑하지 아니하며,
puffed up, 교만하지 아니하며,
does not behave rudely, does not 무례히 행치 아니하며,
seek its owen, is not provoked, 자기의 유익을 구치 아니하며,
think no evil. 성내지 아니하며, 악한 것을 생각지
does not rejoice in iniquity, 아니하며,
but rejoices in the truth, 불의를 기뻐하지 아니하며,
bears all things, believes all 진리와 함께 기뻐하고
things, hopes all things, 모든 것을 참으며
endures all things. 모든 것을 믿으며, 모든 것을 바라며,
Love never fails, But whether 모든 것을 견디느니라.
there are prophecies, 사랑은 언제까지든지
they will fails, whether there 떨어지지
are tongues, they will cease, 아니하나
whether there is knowledge, 예언도 폐하고, 방언도 그치고
it will vanish away. 지식도 폐하리라

revised by Sangil Soh

영어면접 회화교본_머리말

우리의 일상적인 소득 수준 향상과 단위의 동시 이동이 가능해진 시대에 즈음하여 세계적으로 관광객의 흐름이 크게 변화해 가고 있으며, 근본적으로 생활 패턴을 바꾸어 가고 있다 하겠으나 지금까지 우리나라 어학교육은 시험위주로 진행되어 왔기 때문에 구두 표현과 자유스러운 의사전달 능력이 부족하며 외국인을 만났을 때 자기의 간단한 의사전달마저 쉽지 않았으므로 국제 사회 진출에 어려움이 많지 않았을까 싶어진다.

기본적인 외국어 회화실력이 부족하여 직장이나 사회생활 가운데서 자신감의 상실과 업무에 있어 능력 발휘가 잘 이루어지지 않을 때도 있었을 것이다. 그런 점을 해결할 수 있도록 취업 면접이라든가 관광 산업분야에서 일하는 젊은이들을 위해 외국인 고객들에게 영어 회화로 보다 쉽게 접근할 수 있도록 이 책을 꾸며 출판하게 되었으니 널리 활용하여 업무 활동에 크게 도움이 되고 국제화 시대에 잘 적응할 수 있는 젊은이의 당당함을 키워나갈 수 있게 되기를 바라겠다.

이 책에서는 호텔 Front Desk · Housekeeping · Food and Beverage 영업부문에 관한 각종 대화 형태를 가상하여 취업 면접(Interview in English) 대비 혹은 영업 현장 종사자들의 필요에 의하여 자기 자신이 혼자 연습할 수 있게 편집하였으며 또 외국으로 출국할 때 필요한 비자 신청과 항공 여행 시에 긴요하게 쓰일 대화의 기본 문틀을 수록해 두었으므로 잘 활용하면 스스로 불편을 해소할 수 있으리라 믿는 바이다.

2006년 2월

복현 연구실에서 편저자 서 상 길

영어면접 회화교본_차례

13 Chapter 1_일상적인 인사와 소개

13 _일상적인 인사
15 _안색이 좋아 보일 때
15 _초면인사
15 _안색이 괘치 않아 보일 때
17 _자기소개
21 _성격 · 취미 · 특기
25 _첫 만남과 통성명(인사)
25 _일행 소개
26 _소문으로 알고 있을 때
27 _뵙고 싶었을 때
27 _명함교환
27 _헤어질 때
28 _다시 만났을 때
28 _기타
28 _오랜만에 만났을 때
28 _인사할 때
29 _보고 싶었을 때
29 _상대방의 안부를 물을 때
30 _타인의 안부를 물을 때
30 _우연히 만났을 때
31 _낯익은 얼굴일 때
32 _작별할 때
33 _연락 유지를 바랄 때
33 _약속하고 헤어실 때
34 _제3자에게 안부를 전할 때
34 _감사의 말을 할 때

_감사에 대한 화답 34
_친절에 대한 감사 35
_날씨와 계절 35
_비가 올 때 37
_계절 45
_여가활동 48

Chapter 2_**직장을 구할 때의 응답예문** 51

_일자리 찾기 51
_취직 추천 53
_면접하러 갈 때 53
_면접 시작 53
_지원동기 53
_기본사항 56
_건강 상태 57
_근무 58
_급여 60
_능력 60
_인간관계 61
_조직 적응력 61
_인생 · 직업관 · 생활방식 62
_취미 65
_학력 · 학창시절 65
_기타 66
_피면접자의 질문사항 67
_면접 결과 70
_합격 71
_불합격 71

73 Chapter 3_호텔 객실을 예약할 때
75 _숙박 기간
75 _원하는 방을 말할 때
76 _호텔설비 문의
76 _숙박요금
77 _방이 없을 때
78 _예약 확인
78 _예약 변경
78 _예약 취소
79 _호텔현관 서비스
80 _Bell-service
82 _예약을 했을 때의 체크 인 대화
83 _투숙 등록을 접수할 때
84 _예약 착오의 경우
85 _예약을 안 했을 때의 체크 인 대화
86 _예약 여부 확인
86 _빈 방이 있는지를 확인할 때
87 _방을 결정할 때
88 _방을 바꾸고 싶을 때
88 _후론트에서 객실까지
89 _짐을 부탁할 때
90 _방으로 안내할 때
90 _예약한 방과 틀릴 때
91 _서비스를 부탁할 때
96 _룸서비스
96 _세탁 · 방 청소 부탁
98 _Linen Service
99 _모닝 콜 부탁
100 _귀중품 보관
100 _주차 서비스

_우편 서비스 101
_기타 102
_불편사항을 의뢰할 때 103
_객실 내부 문제 103
_도난 분실 104
_기타 105
_국제 전화를 걸 때 105
_전화 신청 107
_통화방법 107
_통화 상대를 물을 때 108
_신청자의 전화번호를 물을 때 108
_통화 중에 전화가 끊어졌을 때 108
_교환원이 연결해 줄 때 109
_요금에 대한 표현 111
_기타 113
_Check-out 113
_체크 아웃할 때 114
_체크 아웃하려고 할 때 116
_계산을 할 때 117
_Front-Cashier 118
_계산이 틀릴 때 120
_체류 기간 변경 121
_체크 아웃 시간 연장 122
_기타 123
_투숙객을 확인할 때 123
_Business Service 124
_기타 126

Chapter 4_**식당 서비스 업무 응대 예문** 131

_식당 안내 담당 · Restaurant Receptionist 131
_식당 주문 133

135 _식사 제의
136 _식사하러 가면서
137 _도시락을 싸가지고 왔을 때
137 _배달을 해서 먹을 때
137 _식당 결정
138 _식당을 예약할 때
139 _예약을 취소할 때
139 _기타
140 _식당 입구에서
141 _예약을 재확인할 때
141 _예약 착오
142 _좌석을 잡을 때
142 _일행의 수
142 _원하는 자리
143 _일행에게 확인
143 _좌석이 마음에 안 들 때
143 _대기할 때
144 _음식을 주문할 때
146 _종사원이 주문을 받을 때
146 _이미 주문했을 때
146 _결정을 못했을 때
147 _메뉴 결정
150 _주문할 때
150 _같은 것으로 주문
151 _웨이터가 손님에게 필요한 것을 물어 볼 때
151 _주문을 바꿀 때
151 _아침 식사 주문
152 _음료수 주문
153 _뷔페식 주문
153 _스테이크 익히는 정도를 확인할 때

_샐러드 드레싱 주문 154
_와인 주문 154
_주문 음식이 나온 후 155
_식사 시작 155
_음식이 안 나올 때 156
_주문한 음식이 아닐 때 156
_음식에 이상이 있을 때 157
_식당에서 필요한 것을 부탁할 때 159
_웨이터에게 159
_옆 사람에게 159
_기타 160
_식사에 관한 화제 160
_식당 161
_식성(食性) 162
_식욕 164
_음식 맛 167
_맛을 물을 때 168
_맛있다 169
_Dessert 170
_맛이 없다 171
_입맛에 안 맞다 171
_기타 171
_식사 습관 172
_기타 172
_종교 178
_스포츠 179
_술을 마실때 179
_술 마시는 것을 제의할 때 179
_술을 주문할 때 · Bartender Service 181
_Bar-cashier 183

183 _술을 권할 때
184 _술을 사양할 때
185 _술을 받을 때
185 _건배 제의
186 _술맛 · 취향
187 _주량
187 _주량이 많다
188 _주량이 적다
188 _술을 못하다
188 _과음했을 때
189 _과음하다
189 _술에 취하다
191 _속이 거북할 때의 여러 가지 표현
192 _술이 깨다, 나아지다
192 _기타
193 _계산할 때
195 _식사 각자 부담
196 _팁을 줄 때
196 _계산서 확인
196 _계산서가 틀릴 때
197 _식사를 마친 후
199 Chapter 5_**학교생활**
199 _전공과목 결정
200 _면접 지원 동기
201 _면접위원의 질문을 되물어 봐야할 때
201 _연락 방법을 물을 때
202 _면접을 끝내고 나올 때
202 _대답은 구체적으로
202 _자기소개
203 _성격

_생활신조 204
_가족 · 성장과정 · 교우관계 205
_대학생활 및 군 복무 · College life and Military Service 207
_직업관 209
_입사 후의 희망 210
_Sales Promotion(판매 촉진 활동) 211
_Personal History 212
_Personal Interview 212
_학력 · Academic background 214
_상대의 견해를 물을 때 215
_다른 제안이 있는지를 물을 때 215
_상대의 의견을 칭찬할 때 215
_자신의 견해를 밝힐 때 216

Chapter 6_**국외여행** 219

_항공편 예약 219
_예약 상담 220
_운항 시간 간격 221
_비행시간 221
_탑승 요금 222
_예약확인 222
_변경 223
_취소 223
_티켓 구입 223
_탑승 수속 224
_수화물 탁송 225
_탑승 시간 225
_보안 검색 226
_비행기를 놓쳤을 때 227
_비자 신청 227
_비자 인터뷰 228

230 _항공기 기내에서
230 _좌석을 찾을 때
231 _좌석을 바꿀 때
231 _기내 서비스
232 _환승 탑승구 위치
232 _수화물을 찾을 때
233 _환전

235 **부록**

237 _식음료 관계 용어해설
248 _영어로 숫자 읽기
250 _이력서 작성의 기본 Point 10
252 _영어 이력서
257 _자기 소개서 작성법

c·h·a·p·t·e·r 1

일상적인 인사와 소개
Greeting and Introduction

사람들은 일상생활 중에 처음 만나서 얘기하게 되는 경우와 또 서로 친숙하게 잘 아는 사이더라도 인사말에서부터 시작하여 취미라든가 업무에 관한 대화를 하게 되어 있기 때문에 인사 대화부터 간단하게 소개한다.

일상적인 인사

Good morning, Mr. Johnson.
안녕하세요? 존슨씨

How do you do?
처음 뵙겠습니다.

How are you?
안녕하세요?

How are you doing?
어떻게 지내세요?

I' m fine, thank you. And you?
덕분에 잘 지냅니다. 당신은요?

I' m great, too.
저도 잘 지냅니다.

What' s your favorite kind of music?
어떤 음악을 좋아하십니까?

I like popular music.
저는 대중음악을 좋아합니다.

Did you have a nice holiday?
휴일 잘 보내셨습니까?

Fine, thank you. And you?
잘 지냅니다. 당신은요?

Not so well.
그저 그래요.

Not (too)bad.
그저 그래요.

What time do you get up every day?
몇 시에 일어납니까?

I usually get up at 7 o' clock in the morning. After getting up, I shave and brush my teeth.
보통 아침 7시에 일어납니다. 일어난 후, 면도를 하고 이를 닦습니다.

What do you do for recreation?
여가에는 무엇을 하십니까?

I like fishing and hunting, but I don' t like singing.
낚시와 사냥을 좋아하지만, 노래(부르기)는 좋아하지 않습니다.

☙안색이 좋아 보일 때

You look like a million dollars.
신수가 훤하시군요.

You sure look well.
얼굴이 정말 좋아 보이시는군요.

☙초면 인사

How do you do, Mr. Baker?
처음 뵙겠습니다. 베이커씨.

Nice to meet you.
만나서 반갑습니다.

Nice to meet you, too, Mr. Kim.
저 역시 만나 뵙게 되어 반갑습니다.

It' s pleasure to meet you.
만나서 반갑습니다.

Glad to meet you, too.
저 역시 만나서 반갑습니다.

I' m very glad to meet you.
만나 뵙게 되어 대단히 반갑습니다.

I' m honoured to meet you.
만나 뵙게되어 영광입니다.

You' re new here, right?
여기에 새로 오신 분이죠?

☙안색이 쾌치 않아 보일 때

What time is it now?
지금 몇 시죠?

It is five minutes after six.
네, 여섯시 분전입니다.

You don' t look well. What' s wrong with you?
안색이 쾌치 않아 보이는데, 무슨 일이세요?

You look depressed. How' s your cold?
기운이 없어 보이는군요. 감기 좀 어떠세요?

What' s the matter with you?
무슨 일이세요?

What day was yesterday?
어제가 무슨 요일이었지요?

Yesterday was Sunday.
일요일이었습니다.

What' s the problem?
무슨 일이세요?

What' s wrong with you?
어디 아프세요?

월 · 요일 · 12-Year Cycle based on Chinese Lunar Calendar

쥐띠 : The Year of the Rat	소띠 : The year of the Ox
호랑이띠 : The Year of the tiger	토끼띠 : the Year of the Rabbit
용띠 : The Year of the dragon	뱀띠 : The Year of the Snack
말띠 : The Year of the Horse	양띠 : The Year of Sheep
원숭이띠 : The Year of Monkey	닭띠 : The Year of the Cock
개띠 : The Year of the Dog	돼지띠 : The Year of the boar

1월 : January	2월 : February	3월 : March
4월 : April	5월 : May	6월 : June
7월 : July	8월 : August	9월 : September
10월 : October	11월 : November	12월 : December

월요일 : Monday	화요일 : Tuesday	수요일 : Wednesday
목요일 : Thursday	금요일 : Friday	토요일 : Saturday
일요일 : Sunday		

What month is this?
이달이 무슨 달이지요.

This month is April.
이달은 4월입니다.

What happened?
무슨 일 있었어요?

Why are you so down today?
오늘 왜 그렇게 시무룩하세요?

자기소개(Introduction)

Let me introduce myself. / Allow me to introduce myself.
제 소개를 하겠습니다./제 소개를 하겠습니다.

I' m Mr. Cho, a new employee. I' m employed at Sales Department of this hotel.
저는 새로 입사한 미스터 조라고 합니다. 이 호텔 영업부에 새로 입사했습니다.

Would you please introduce yourself briefly, for about three minutes?
당신 자신에 대하여 3분간 간단히 소개해 주시겠어요?

Sure, My name is Dongchol Kim, I' m 25 years of age, and I' m not married yet. I was born in Busan, and I had lived there until I entered Korea University in Seoul.

네, 제 이름은 김 동철이고, 25세이며, 아직 미혼입니다. 부산에서 태어나 고려대학에 입학할 때까지 부산에서 살았습니다.

What year were you born?

언제 태어났습니까?

I was born in 1973, the year of the cattle.

1973년에 태어났으며, 소띠의 해입니다.

Do you have christian name?

세례명을 가지고 있습니까?

No, I don' t have.

세례명이 없습니다.

What' s your home(present) address?

집(현) 주소가 어떻게 됩니까?

My home address is 595 bokhyundong Buku Daegu city.

저는 대구시 북구 복현동 595번지에 살고 있습니다.

Where were you born?

어디서 태어났습니까?

I was born in Daegu city.

대구에서 태어났습니다.

When were you born?

생일이 언제입니까(언제 태어났습니까)?

I was born on January 6, 1982.

저는 1982년 1월 6일에 태어났습니다.

What' s your blood type?

당신의 혈액형은 무엇입니까?

My blood is 「O」type, RH positive.

저의 혈액은 O형이고, RH type입니다.

When are you going to be married?
언제쯤 결혼할 예정이세요?

I will get married as soon as I meet a decent lady of my type.
저는 마음에 드는 상대를 만나는 대로 곧 결혼하려고 합니다.

What type of house do you live in, an apartment or a traditional house?
당신의 집은 아파트인가요, 아니면 재래식 단독주택인가요?

How tall are you?
키가 어느 정도인가요?

I' m 1175 cm tall.
저의 키는 175센티미터입니다.

Do you have good eye vision?
당신의 시력은 좋습니까?

My eye vision is about 0.5. I don' t wear glasses or contact lenses.
저의 시력은 0.5이지만, 안경이나 렌즈를 착용하지 않습니다.

You have very short hair. Is there any special reason for that?
당신은 짧은 머리인데, 무슨 이유라도 있습니까?

Do you have a girlfriend? If so, how long have you been dating her?
당신은 여자 친구가 있습니까? 있다면 얼마나 오랫동안 교제하였습니까?

Yes, I have a girlfriend. I have been going out with her for about two and a half years.
여자친구가 있습니다. 약 2년 반 정도 교제해 왔습니다.

How is your health?
건강은 어떻습니까?

My health is excellent, except that I' d get a cold about once a year.
건강은 아주 좋습니다. 그러나 일년에 한 번 정도 감기에 걸립니다.

Have you ever been hospitalized?
병원에 입원한 적이 있습니까?

Just once. It was when I was twelve years old. I had enteritis, and I had to spend three nights in the hospital.
저가 열두 살 때 한 번 있습니다. 장염으로 사흘간 입원하였습니다.

How much can you drink?
술은 얼마나 마십니까?

I have a regular bottle of beer.
맥주 한 병 정도 마십니다.

Do you smoke?
담배 피우십니까?

I used to, but I quit a year ago.
피웠는데, 일년 전부터 끊었습니다.

Why did you quit smoking?
왜 담배를 끊었습니까?

I used to enjoy it. But it became too obvious that smoking is very harmful to our health. And I didn' t like the cigarette smell from my body.
저는 담배를 습관적으로 즐겼었는데, 담배가 건강에 매우 해롭다는 것을 알았고, 또 몸에서 나는 담배 냄새가 싫었습니다.

How many cigarettes do you smoke a day?
하루에 몇 개비를 피우십니까?

I used to smoke one pack a day. But these days I smoke less than half a pack per day.
하루에 한 갑 정도 피웠습니다. 그런데 요즘은 반 갑 정도 피웁니다.

Do you usually eat breakfast? What do you have for breakfast?
아침 식사를 합니까? 아침에는 무엇을 드십니까?

I seldom skip breakfast, because my mother would always prepare a big breakfast for us. We usually have a bowl of rice, vegetables and soup.
어머니께서 언제나 훌륭한 조찬을 준비해 주시기 때문에 아침 식사를 거의 거르지 않습니다. 항상 밥 한 그릇과 야채 그리고 국을 먹습니다.

성격 · 취미 · 특기

Would you consider yourself liberal or conservative?

당신은 자유 개방형인가 아니면 보수적인 감각인가?

I think I'm a little conservative, I still don't like to see girl in mini-skirts, with their hair dyed red and yellow.

저는 아직 보수적인 편이라고 생각합니다. 저는 아직도 여자가 미니스커트를 입거나 머리를 붉게 혹은 노랑색으로 염색한 것을 싫어합니다.

Tell us the good point and bad points of your character, please.

당신 성격의 장점과 단점을 얘기해 주시겠어요?

I am honest, positive and very active. But sometimes I am too honest so that I hurt my friend's feelings.

저는 정직하고, 긍정적인 성품이며, 매우 활동적입니다. 그러나 때때로 저는 친구의 감정을 해칠만큼 너무 정직한 편입니다.

Do you think you have leadership ability?

당신은 리더쉽을 갖추고 있습니까?

A little bit. But I think I'm better in harmonizing with people than in leading them.

조금은 갖고 있어요. 그러나 사람들을 리드하는 것보다 사람들과 더불어 살아가는 편이라고 생각됩니다.

Do you get along well with people?

주위 사람들과 잘 어울려 살아갑니까?

What are your hobbies?

취미가 무엇입니까?

I like to take apart and reassemble electronic goods such as watches.

저는 시계같은 전자제품을 조립하거나 분해하는 것을 즐깁니다.

What's your favorite music?

당신은 어떤 음악을 좋아하십니까?

I like listening to modern jazz.

저는 근대풍의 재즈 듣기를 좋아합니다.

Who is your favorite singer?
좋아하는 가수는 누구입니까?

I like Chang-sik Song, a Korean folk singer.
한국풍의 가요를 부르는 송창식입니다.

Are you a good singer yourself?
노래 잘 부르십니까?

I can say I am an average singer. But I am not very good at memorizing lyrics.
저는 보통입니다. 그러나 음악적인 소질은 크게 갖추지 못하고 있습니다.

What kind of sports do you like?
어떤 스포츠를 좋아하십니까?

I like to go swimming.
수영하기를 좋아합니다.

What was the most impressive book that you have read so far?
지금가지 읽은 책 가운데 가장 인상적인 것은 어떤 책이었을까요?

It was a book called "the History of Russian Revolution", written by a Korean professor.
한국인 교수에 의해 쓰여 진 「러시아 혁명사」라 불리는 책입니다.

How many books do you read per month?
한 달에 몇 권의 책을 읽습니까?

I read one and a half books on average per month.

한 달에 한 권 반 정도의 책을 읽습니다.

What kind of food do you like?

어떤 종류의 음식을 좋아합니까?

I like fruits and vegetables. I eat meat only about once a week.

저는 과일과 야채를 좋아합니다. 대략 일주일에 한 번씩 고기를 먹습니다.

What kind of food can you cook the best?

어떤 종류의 요리를 가장 잘 만드십니까?

I can cook Ra-myon and Dduk-bbok-ggi very well.

저는 라면, 떡볶기를 아주 잘 조리할 수 있습니다.

What do you usually do on weekends?

주말에는 보통 무얼하십니까?

I usually meet my friends and enjoy chatting over coffee or beer on Saturday afternoon. On sunday, I usually go mountain trekking in the morning, and listen to music in the afternoon.

토요일 오후에는 저는 친구를 만나서 커피라든가 맥주를 마시면서 환담을 즐깁니다. 일요일에는 산악 트레킹을 하고, 오후에는 음악을 듣습니다.

Which section of the newspaper do you read first?

신문을 읽을 때 어느 면을 가장 먼저 읽으십니까?

I read the economics first, and then society, sports and political sections.

저는 경제면을 먼저 읽고, 그 다음으로 사회, 스포츠 그리고 정치면을 읽습니다.

What sort of special skills do you have?

당신은 어떤 특기를 갖고 있습니까?

I can play the piano very well. I can also write computer programs for myself.

저는 피아노를 잘 연주합니다. 그리고 또 컴퓨터 프로그램을 작성할 수 있습니다.

Do you have any other special skills?

어떤 다른 특기를 갖고 있습니까?

I have a first-grade driver' s license, though I' m not sure say that is a special skill.

그걸 특기라고 말하기 곤란하지만, 1종 운전면허증을 갖고 있습니다.

How well can you command English?

영어는 어느 정도 잘 할 수 있습니까?

I got a score of 750 on the TOEIC exam last May, and I learned to speak English at a private institute for more than two years, working with a native American teacher.

저는 지난 5월 토익시험에서 750 점을 취득하였으며, 2년 이상 사설 학원에서 원어 영어선생으로부터 말하기를 배웠습니다.

You speak English very well. How did you study English?

당신은 영어를 잘 합니다. 영어 공부를 어떻게 하였습니까?

Have you ever taken the TOEIC exam?

당신은 토익 시험을 친적이 있습니까?

Yes, I have. I took it twice.

네, 그렇습니다. 저는 시험을 두 번 쳤습니다.

What scores did you get on the exam?

시험 점수가 어떻게 됩니까?

I got 650 on the first exam, and 720 on the second.

첫 번째 시험에서 650점이었고, 두 번째는 720점을 얻었습니다.

Can you speak any other languages except English?

당신은 영어가 아닌 다른 외국어를 할 수 있습니까?

Can you use a computer well?

당신은 컴퓨터를 잘 다룹니까?

I' m not an expert in computers, but I can make documents.

전문가는 못 되지만 서류정도는 작성합니다.

✑첫 만남과 통성명(인사)

May I have your name, please?
　성함이 어떻게 되십니까?

Would you write down your name for me?
　성함을 좀 적어 주시겠습니까?

How did you say your last name?
　성이 뭐라고 하셨죠?

Sorry, What' s your first name?
　미안합니다. 이름이 뭐라고 하셨죠?

How do you spell your name?
　당신의 이름 철자가 어떻게 되죠?

Shall I call you by your first name?
　이름을 불러도 되겠어요?

✑일행 소개

Mr. Richard, Let me introduce you to my friend, Mr. Kim.
　리처드씨, 제 친구 미스터 김에게 당신을 소개하겠습니다.

Mr. Kim is one of my best friends.
미스터 김은 가장 친한 친구 중의 한 사람입니다.

Have you two met each other yet?
(소개자가 서로 모르는 사이에 있는 두 사람을 동시에 보면서)두 분이 서로 인사를 나누셨습니까?

I'm Mr. Yim and this is my friend, Mr. Soh. He is a friend of a friend.
저는 미스터 임이고, 이 쪽은 제 친구 서라고 합니다. 그는 내 친구의 친구입니다.

소개의 기본 매너

❶ 지위가 낮은 사람을 지위가 높은 사람에게 소개한다(남성 여성에 관계없음).

❷ 동성인 경우 연하의 사람을 연장자에게 소개한다.

❸ 이성 간에 소개를 할 때는 남성을 여성에게 먼저 소개한다.

❹ 악수는 원칙적으로 소개를 받은 사람이 손을 먼저 내 민다.

❺ 악수는 짧게 하되 진심어린 마음으로 한다.

소문으로 알고 있을 때

I've heard a lot about you. / I've heard so much about you.
선생님 말씀 많이 들었습니다. / 말씀은 많이 들었습니다.

I've often heard about you.
당신에 대한 얘기를 자주 들었습니다.

I've heard a great deal about you from Mr. Brown.
브라운씨 한테서 당신 말씀 많이 들었습니다.

You phoned me yesterday.
어제 저한테 전화하셨지요?

뵙고 싶었을 때

I wanted to see you.
만나 뵙고 싶었습니다.

I' ve been looking forward to meeting you.
만나 뵙고 싶었습니다.

I' ve been wanting to meet you for a long time.
오래 전부터 만나 뵙고 싶었습니다.

I' ve been dying to meet you.
무척 만나 뵙고 싶었습니다.

명함교환

This is my business(visiting)card.
이건 제 명함입니다.

Here' s my name card.
제 명함입니다.

May I have your name card?
명함 한 장 주시겠어요?

헤어질 때

I was very glad to meet you.
만나서 매우 반가웠습니다.

It' s been very nice meeting you.
만나서 매우 반갑습니다.

I enjoyed talking with you.
얘기 즐거웠습니다.

I hope we' ll get together again in a few days.
다시 만나 뵙길 바랍니다.

Have a nice day.
좋은 하루 되세요.

다시 만났을 때

I' m happy to see you again.
다시 만나 뵈서 반갑습니다.

How nice to see you again.
다시 만나 뵙게 되어 반갑습니다.

기타

Let' s shake on that.
그런 의미에서 악수합시다.

I' ve seen him but we haven' t met.
그 사람과 안면은 있지만 인사는 나누지 못했어요.

Is that the man you told me about?
저 분이 내게 말한 바로 그 사람이에요?

Which one is Mr. Brown?
브라운씨가 어느 분입니까?

Would you like to tell me something about yourself?
당신 자신에 대해서 얘기 좀 해 주시겠습니까?

오랜만에 만났을 때

It' s been along time, hasn' t it?
퍽 오랜 만이죠?

I should say so. How have you been lately?
그런 것 같아요. 요즘 어떻게 지내셨습니까?

I' ve been quite well, thank you. How about yourself?
덕분에 잘 지냈어요. 당신은요?

인사할 때

I haven' t seen you for a while(long time).
오랜만입니다.

It' s been a long time, hasn' t it?

오랜만이군요. 그렇죠?

What has kept you so busy? It' s hard to catch you around these days.

무엇 때문에 그렇게 바쁘셨어요? 요즘 얼굴 보기가 힘들군요.

보고 싶었을 때

I' ve missed you. /I wanted to see you.

보고 싶었어요. /보고 싶었어요.

I was sorry to have missed you.

뵙지 못해서 섭섭했어요.

상대방의 안부를 물을 때

Where in the world have you been?

대체 어디서 지내셨어요?

I' ve been abroad on vacation.

휴가차 해외에 나가 있었어요.

How have you been(doing)?

어떻게 지내셨습니까?

How have you been getting along lately?

요즘 어떻게 지내고 계세요?

I' ve been in America studying engineering.

미국에서 공학을 공부하면서 지냈어요.

I have been pretty much occupied with work.

일에 파묻혀 살아왔어요.

No wonder you hardly ever call me these days.

어쩐지 요즘 전화 한 통 없더라구요.

✾타인의 안부를 물을 때

How' s your family?
가족들은 안녕하신지요?

How are your parents?
부모님께서는 안녕하신지요?

I hope your family is okay.
가족들은 다 안녕하시겠죠?

I wonder how he is making his living.
그가 어디서 생활하는지 궁금하군요.

Looks like his father providing him with money.
그는 그의 부친이 생활비를 대주시는 것 같더군요.

I haven' t heard from him for a long time.
오랫동안 그에게서 소식을 못 들었어요.

I haven' t seen him lately.
요즘 그 사람을 못 봤어요.

Mr. Jones sends his regards to you.
존스씨가 당신에게 안부를 전하더군요.

✾우연히 만났을 때

Look who' s here.
아니 이게 누구예요.

Mr. Park, you haven' t changed a bit.
박 선생, 당신은 하나도 안 변했어요.

It seems like the older you get, the better you look.
나이가 드실수록 얼굴은 더 좋아지는 것 같아요.

I can say the same thing about you.
당신도 그런데요 뭘.

I' m surprised to see you again.
다시 만나다니 놀랍군요.

It' s a pleasant surprise to see you here.
여기서 당신을 만나다니 뜻밖이군요.

What a coincidence.
정말 우연이군요.

What' s keeping you so busy?
무슨 일로 그렇게 바쁘세요?

I wanted to see you one of these days.
근일 간에 당신을 한번 뵙고 싶었어요.

낯익은 얼굴일 때

Excuse me. You look really familiar.
실례합니다. 낯이 많이 익은 얼굴인데요.

Don' t I know you from somewhere?
어디서 뵌 적이 없는가요?

Sorry I didn' t recognize you at first.
첫눈에 못 알아봐서 미안합니다.

I think we were in the same course ten years ago.
십년 전에 같은 반에 있었던 것 같은데요.

Nice to see you again.
다시 만나서 반갑습니다.

We' ve met before, right?
    우리 예전에 만난 적이 있지 않은가요?

Sometimes I forget where I saw the face.
    가끔은 어디서 봤는지를 기억 못해요.

Excuse me. I got the wrong person.
    실례했습니다. 제가 사람을 잘못 봤습니다.

No wonder you didn' t recognize her.
    그 여자를 몰라보는 것도 당연하죠.

I can' t put my finger on it.
    그런데 정확히 생각이 나지는 않아요.

작별할 때

I have to leave now.
    이제 가 봐야겠어요.

Please say hello to your family for me.
    가족들에게 안부 전해 주세요.

I hope we can get together again soon.
    조만간 또 만나 뵙기를 바랍니다.

Well, see you later. Good bye.
    그럼, 다음에 또 뵐게요. 안녕히 계세요.

Take care.
    안녕히 가세요.

I' m afraid I have to go now. /I think I must be off now.
    지금 가야 해요./지금 가봐야 할 것 같아요.

We' d better say goodbye.
    이만 작별 인사를 해야 겠어요.

I hate to say goodbye, but it' s time to go.
    헤어지고 싶지 않지만, 가야할 시간이에요.

It was very good working with you.
    당신과 함께 일했던 것이 무척 좋았습니다.

연락 유지를 바랄 때

Please come and see me once in a while.
가끔 놀러 오세요.

You can always get me on the phone.
전화로 언제든지 연락하세요.

Please phone me occasionally.
가끔 전화 주세요.

Let' s keep in touch.
서로 연락 합시다.

Phone me as soon as you get there.
거기 도착하는 대로 저한테 전화 주세요.

약속하고 헤어질 때

See you this Saturday night.
토요일 저녁에 봅시다.

See you tomorrow.
내일 봐요.

Greeting and Introduction

See you next time. /I' ll be seeing you. /Let' s meet again.
다음에 봐요./다음에 봐요./다음에 봐요.

Let' s meet more often.
좀 더 자주 만납시다.

I' ll talk to you later.
좋아요. 나중에 얘기할게요.

Could I see you again?
다시 만날 수 있을까요?

제3자에게 안부를 전할 때

Please give my regards to your wife.
당신 아내에게 안부 전해 주세요.

Don' t forget me to your family.
당신 가족에게 제 안부 전해 주세요.

감사의 말을 할 때

Thank you for your kind help.
친절히 도와 주셔서 감사합니다.

Thank you very much for your hospitality during my stay here.
여기 있는 동안 베풀어주신 환대에 정말 감사드립니다.

You are too good to me.
저한테 너무 잘 해 주시는군요.

I' m very grateful to receive this award.
이 상을 받아서 정말 감사합니다.

I want to express my appreciation to all my assistants(friends).
저를 도와준 모든 사람(친구)들께 감사를 표하고 싶습니다.

감사에 대한 화답

It' s my pleasure.
제가 좋아서 한 건데요.

Think nothing of it.

아무것도 아닌데 크게 생각하지 마세요.

Don' t make anything of it.

아무것도 아닌데 너무 크게 생각하지 마세요.

I' ll make it up to you later on.

나중에 보답해 드릴게요.

You don' t have to thank me. It' s the least I can do.

고마워하실 필요 없어요. 제가 할 일을 했을 뿐입니다.

친절에 대한 감사

It' s very kind of you to go to all that trouble for me.

저를 위해서 그렇게 수고를 해 주시다니 정말 친절하시군요.

It' s very kind of you to say so.

그렇게 말씀해 주시니 고맙습니다.

I' m deeply impressed with your kindness.

당신의 친절에 깊은 감명을 받았습니다.

날씨와 계절

날씨를 물을 때

It' s very hot, isn' t it?

날씨가 무척 덥군요.

It certainly is.

맞아요.

What' s the weather like today? /How' s the weather today?

오늘 날씨가 어때요?/오늘 날씨 어때요?

It' s very cold.

정말 춥군요.

내일 날씨

How will the weather be tomorrow?

내일 날씨가 어떨까요?

It' s supposed to snow.
눈이 올 것 같아요.

특정 지역의 날씨

What' s the weather like in Seoul?
서울의 날씨가 어떻습니까?

It' s very mild. In away, it' s similar to San francisco?
매우 온화해요. 어떤 면에서는 샌프란시스코와 비슷합니다.

상대방의 거주지 날씨

I hear you have good weather there.
거기는 날씨가 좋다고 들었는데요.

The weather is like fall in Korea.
네, 한국의 가을 날씨와 같아요.

what' s the weather like on your side?
그쪽은 날씨가 어때요?

It' s a real scorcher in Seoul.
서울은 정말 뜨거운 날씨인데요.

날씨가 좋을 때

Isn' t it the wonderful day?
날씨가 참 좋군요.

Yes, it' s perfect.
네, 구름 한 점 없이 맑군요.

It' s a beautiful day today. /What a beautiful day!
오늘은 날씨가 화창하군요./날씨가 정말 좋군요.

It' s so tempting to go out on such s fine day.
이런 좋은 날씨에는 정말 밖에 나가고 싶어요.

It' s a nice day today, isn' t it?
오늘은 날씨가 좋군요, 그렇죠?

There are no clouds in the sky.
하늘에 구름 한 점 없군요.

It' s perfect day for a tennis.
테니스하기에 딱 좋은 날씨예요.

날씨가 나쁠 때

What mixed weather.
종잡을 수 없는 날씨군요.

It' s terrible weather, isn' t it?
지독한 날씨죠?

It' s a funny weather.
날씨가 참 이상하군요.

If the weather' s bad, the helicopter can fly.
날씨가 나쁘면 헬리콥터가 뜰 수 없군요.

I hope it' ll clear up tomorrow.
내일은 날씨가 개였으면 좋겠어요.

Have you ever seen such weather?
이렇게 지독한 날씨를 본 적이 있어요?

비가 올 때

비가 올 것 같다

It' s starting to rain.
비가 내리기 시작했어요.

It looks like it' s going to rain.
비가 올 것 같군요.

I wish it would rain.
비가 왔으면 좋겠어요.

It looks like rain out.
밖을 보니 비가 올 것 같아요.

I heard it' s supposed to rain today.
오늘 비가 내릴 거라고 들었어요.

Do you think it will rain this afternoon?
오늘 오후에 비가 올 것 같습니까?

비가 내릴 때

It' s beginning to sprinkle.
빗방울이 떨어지기 시작했어요.

Is it raining out?
밖에 비가 오는가요?

Look at my clothes, they' re soaked.
제 옷을 보세요. 흠뻑 젖었잖아요?

It' s still raining cats and dogs out there.
밖에 아직도 억수같이 비가 오고 있어요.

It' s pouring outside.
밖에 비가 퍼붓고 있어요.

It' s raining heavily outside.
밖에 비가 엄청나게 내리고 있어요.

비를 맞다

You got all wet.
비를 맞으셨군요.

I was caught in a rain shower on the way here.
여기 오는 도중에 소나기를 맞았어요.

It' s starting to rain. Let' s take cover under that tree over there.
비가 오기 시작하는군요. 저기 나무 밑에 몸을 피합시다.

Has it stopped raining?
이제 비가 그쳤습니까?

Just about. But it' s still drizzling a little.
거의 그쳤는데, 아직 이슬비가 약간 내리고 있어요.

It has stopped raining.
비가 그쳤어요.

I hope the rain stops.
비가 그쳤으면 좋겠어요.

Let' s wait till the rain stops.
비가 그칠 때까지 기다립시다.

장마

This time it' s been raining for two days.
이번 비는 이틀째 계속 내리고 있어요.

It rained for three days consecutively.
3일 동안 계속 비가 내렸어요.

Blame this rain.
이 놈의 비 지긋지긋하군요.

It rained hard about this time last year, too.
작년 이쯤에도 비가 심하게 왔었어요.

우산

Don' t forget to take an umbrella.
잊지 말고 우산 가지고 가세요.

Since it looks like raining, take your umbrella.
비가 올 것 같으니 우산을 가지고 가세요.

Check your umbrella at the cloakroom, please.
우산은 휴대품 보관소에 맡겨 주세요.

Keep your umbrella away from me.
우산 좀 치우세요.

기타

It just better not rain today.
오늘 비가 오지 말아야 하는데.

Oh, yes, today is your office picnic.
아, 그래, 오늘이 너의 사무실 피크닉 날이구나.

Whether or not it rain, I' m giving a party tomorrow.
비가 내리든 안내리든 관계없이, 내일 파티를 열거야.

더울 때

It' s terribly hot.
정말 덥군요.

We' re going to have another hot day.

오늘도 덥겠어요.

I can' t stand this heat.
이 더위는 견딜 수가 없군요.

You' re drenched with sweat.
땀으로 흠뻑 젖었군요.

Wipe the sweat off your face.
얼굴에 땀 좀 닦으세요.

Could you turn up the air conditioner?
에어컨 좀 세게 틀어 주시겠어요?

When it' s this hot, I don' t want to do anything.
이렇게 더울 땐 아무것도 하고 싶지 않아요.

It' s too hot to do anything.
너무 더워서 아무 일도 못하겠어요.

It' s not the heat. It' s the humidity.
문제는 더위가 아니라, 습도예요.

추울 때

It' s really cold today, isn' t it?
오늘은 춥군요, 그렇죠?

Yes, it sure is. the Han River has frozen over.
네, 정말 그렇군요. 한강이 얼었어요.

I' m freezing.
몸이 얼어붙는군요.

How cold it is today.
오늘은 정말 춥군요.

We had a temperature of minus 15 this morning.
오늘 아침은 영하 15도였어요.

I have never experienced such a severe cold before.
이런 호된 추위는 처음이에요.

It' s getting colder and colder.
날씨가 점점 추워지고 있다.

Keep out cold air.
찬바람이 안 들어오게 하세요.

Close the door. there is the draft.
문을 닫으세요. 바람 들어와요.

눈이 올 때

It looks like snow.
눈이 올 것 같은 날씨예요.

It snows hard and fast.
눈이 펑펑 쏟아져요.

It' s the heaviest snowfall in ten year.
10년 만에 가장 큰 눈이군요.

I' ve never seen so much snow in my whole life.
내 평생 이렇게 눈이 많이 내리는 건 처음 봐요.

I' d rather have rain than snow, I think.
눈 보다는 비 오는 게 낫겠어요.

It often snows here.
이곳은 눈이 자주 와요.

It snows in large flakes.
함박눈이 내려요.

기온

What' s the temperature now?
지금 기온이 어떻게 되요?

I' d say it' s about 30 degrees centigrade.
섭씨 30도 정도 되는 것 같아요.

The mercury got up to upper 35℃ in Daegu, Korea.
대구에서는 수은주가 35도까지 올라갔어요.

The low temperature was twelve below zero this morning.
오늘 아침 최저 기온이 영하 12도였어요.

It' s two degrees above zero right now.
지금은 영상 2도예요.

Seoul reached a high of 96°F yesterday.
서울은 어제 최고 기온이 96°F에 달했어요.

바람이 불 때

Is it still windy outside?
밖에 아직도 바람이 부는가요?

No, it' s quieted down.
아니오, 잔잔해졌어요.

How it blows!
바람이 참 심하게 부는군요.

Which way is the wind blowing?
바람이 어느 방향으로 불고 있죠?

This wind is like a knife.
비람이 칼날처럼 매섭군요.

The wind has faded.
바람이 사라졌어요.

The wind' s calming down.
바람이 잠잠해지고 있어요.

The storm did great damage to the corps.
폭풍이 농작물에 큰 손해를 입혔어요.

There' s a storm warning out for today.
오늘 폭풍주의보가 내려졌어요.

It looks as if there will be a storm soon.
곧 태풍이 불 것 같은데요.

안개가 낄 때

That was a thick fog this morning.
오늘 아침엔 안개가 짙게 깔렸어요.

Yeah, we couldn' t see anything in front of us.
그래요, 앞에 있는 것이 아무것도 안 보였어요.

I can' t see anything because of the fog.
안개 때문에 아무것도 안 보여요.

일기 예보

예보 내용 묻기

What did the weatherman say today?
 기상통보원이 오늘 뭐라고 했어요?

He said it would be warmer.
 더 따뜻해질 거라고 했어요.

What' s the weather forecast for the weekend?
 주말 일기 예보가 어떻습니까?

Has snow been forecast for this afternoon?
 오늘 오후에 눈이 온다고 했나요?

Yes, but they expect only ten centimeters?
 네, 하지만 예상 적설량이 10cm이래요.

일기 예보 확인

Check the weather report.
 일기 예보를 확인해 보세요.

I did.
 확인했어요.

What did it say?
어떻다고 하던가요?

It' s going to rain again.
또 비가 온데요.

예보 내용 전달

The weatherman says it' ll be cooler on Friday.
기상 통보원이 금요일은 날씨가 서늘해 질것이라고 하던데요.

Newspaper reports say that the rainy season is near.
신문보도에 의하면, 장마가 곧 시작된다고 합니다.

According to the weather forecast, a strong typhoon is coming our way.
일기 예보에 의하면, 강한 태풍이 우리 쪽으로 다가오고 있데요.

The weather report predicted heavy showers for tonight.
일기 예보에서는 오늘 밤에 큰 비가 내릴 거라고 하더군요.

According to the television weatherman, it' s going to be a sunny day this afternoon.
텔레비전 기상통보에 의하면, 오늘 오후에는 맑겠다고 합니다.

일기 예보의 신뢰성

We can' t really trust the weather forecast.
일기 예보에는 정말 믿을 수가 없어요.

The weather forecast was wrong again.
일기 예보가 또 틀렸군요.

일기 예보 방송

This is a weather advisory.
가성 주의보입니다.

Expect strong winds tonight with heavy rains.
오늘 밤 많은 비를 동반한 강한 바람이 예상됩니다.

There' s a storm warning in effect for all of Atlanta.
애틀랜타 전 지역에 폭풍경보가 발효 중입니다.

The typhoon is moving northeast at speed of 20km ph.
태풍이 시속 20km 속도로 북동쪽으로 이동하고 있습니다.

The typhoon is located 300km south of Okinawa as of 4pm.
태풍이 오후 4시 현재, 오끼나와 남쪽 300km 지점에 위치하고 있습니다.

The skies will be partly cloudy today.
오늘 날씨는 부분적으로 구름이 끼겠습니다.

It is cloudy with occasional showers.
대체로 흐리고 가끔 소나기가 오겠습니다.

Clear skies are expected for the weekend.
주말 동안에는 맑은 하늘이 예상됩니다.

Tomorrow will be 5 or 6 degrees colder than today.
내일은 오늘보다 5 내지 6도 더 추워지겠습니다.

Night and early morning temperature are predicted to be between 75°F and 86°F throughout most of the nation.
밤과 이른 아침의 기온이 전국적으로 75°F에서 86°F가 될 것으로 예상됩니다.

Today, the high will be 82 degrees and the low, 50degrees.
오늘 최고 기온은 82도, 최저 기온은 50도가 되겠습니다.

You can expect the mercury to drop below zero tonight.
오늘 밤에는 수은주가 영하로 떨어질 것으로 예상됩니다.

We' ll reach a high of 85 degrees in the afternoon.
오후에는 최고 85도까지 올라가겠습니다.

Waves will be from 1.0 to 2.0 meters high along most coasts.
파고는 대부분의 해안에 걸쳐서 1 내지 2m에 이르겠습니다.

계절

봄

We sure had a long, cold winter in Korea.
정말 길고 추운 한국의 겨울이었습니다.

I know, and I really appreciate spring.
그래요, 그래서 정말 봄이 고마워요.

The spring has stolen over us.
어느덧 봄이 왔어요.

The breeze feels so warm.
바람이 참 따뜻하게 느껴지군요.

It' s nice to have some spring weather.
봄 날씨가 되니 참 좋군요.

The cherry blossoms are in full.
벚꽃이 만발해 있군요.

Next week the cherry blossoms will be gone.
다음주에는 벚꽃이 다 져버릴 거예요.

Which flower blooms earliest in spring?
봄에 어떤 꽃이 제일 먼저 피죠?

여름

July and August in Korea are so hot.
한국의 7월과 8월은 무척 더워요.

I don' t mind. I love summer.
상관없어요. 저는 여름을 좋아하거든요.

It' s the height of Summer.
한여름이군요.

I hate these dog days.
저는 복더위가 무척 싫어요.

We have a lot of rain in July.
7월에는 비가 많이 와요.

The rainy season is getting me down.
장마철은 저를 우울하게 만들어요.

The hottest season is yet to come.
정말 더위는 이제부터예요.

가을

Look at that blue sky.
저 푸른 하늘을 보세요.

All the leaves have already fallen.
나뭇잎들이 벌써 다 떨어졌군요.

All the leaves are changing colour.
나뭇잎들이 모두 물들고 있군요.

The leaves are so pretty.
나뭇잎들이 무척 아름답군요.

It' s so nice and cool.
날씨가 참 서늘하군요.

It' s getting cooler these days.
요즘 점점 서늘해지고 있어요.

겨울

It' s unusually warm for a winter day.
겨울치고는 이상하게 따뜻해요.

This winter' s cold snap is quite unprecedented.
올 겨울의 한파는 전례가 없었어요.

This winter is severer than usual.
올 겨울은 예년에 없이 춥군요.

Freezing rain have made road conditions hazardous.
진눈깨비 때문에 도로상태가 아주 위험해요.

Winter is gone.
겨울은 다 갔어요.

Even in the winter, I don' t wear long johns.
저는 겨울에도 내의를 안 입어요.

The cold seems to have decreased in severity.
추위도 한풀 꺾인 것 같아요.

That depends on the weather.
그건 날씨에 달려 있죠.

The air is dry.
공기가 건조하군요.

Open the window to let in air.
바람이 들어오게 문 좀 열어라.

There is a moon in the sky.
달이 떠 있어요.

A rainbow hangs in the sky.
하늘에 무지개가 떠 있어요.

여가 활용

What do you do in your spare time?
여가 시간에 무얼 하십니까?

What do you do with your free time?
여가 때 무얼 하십니까?

What do you do when you have time off?
일과 후 여가시간에 무얼하십니까?

What do you do for relaxation?
기분전환으로 무엇을 하세요?

I' m very busy. I don' t get much leisure time.
저는 매우 바빠서, 여가를 즐길 만한 시간이 별로 없어요.

I go nearly out every Sunday.
매주 일요일에는 거의 외출합니다.

What do you do to unwind after a hard day' s work?
힘든 일과 후에 기분을 풀기 위해 무엇을 하세요?

What do you do for relaxation after a hard day' s work?
힘든 일과 후에 휴식을 취하기 위해 무엇을 하세요?

What do you usually do on your day off?
쉬는 날에는 보통 무엇을 하세요?

What' s your favorite day of the week?
주 중에서 좋아하는 요일이 언제입니까?

On my day off, I just watch TV all day.
저는 쉬는 날 하루 종일 TV만 봐요.

Do you have any plans for the weekend?
주말에 무슨 계획 있으세요?

Not really. How about you?
없어요. 당신은요?

c·h·a·p·t·e·r 2

직장을 구할 때의 응답예문
Job Interview in English

요즈음 모든 분야에서 신입사원을 채용할 때 면접과정에 영어 인터뷰로 입사지원자의 영어 구사능력을 테스트하고, 국제적인 감각과 Global화 된 인재를 선발하고자 영어로 질의응답을 시행하고 있으니 이에 대응할 영어회화 실력을 갖추어야 할 것이다.

일자리 찾기

Do you have any openings for a typist?
타이피스트 자리에 빈 자리가 있습니까?

What should I do to apply for the job?
그 자리에 지원하려면 어떻게 해야 합니까?

You have to turn in your resume in duplicate first. And then wait to be interviewed.
우선 이력서를 2통 만들어서 제출하셔야 합니다. 그런 후에 면접 때까지 기다리세요.

All right. Thank you for your information.
알겠습니다. 안내해 주셔서 감사합니다.

May I see your resume?
이력서 좀 보여 주시겠어요?

We have the perfect job for you.
당신에게 딱 맞는 일이 있습니다.

Will you fill out this application form?
지원서를 작성해 주시겠어요?

I have to go job hunting.
나가서 일자리 좀 알아봐야겠어요.

Good job are hard to find.
좋은 직업을 찾기가 쉽지 않아요.

Hyatt Hotel, Personnel Department. May I help you?
하얏트 호텔, 인사부입니다. 뭘 도와드릴까요?

Yes, I' m calling about your help-wanted ad in the newspaper. Is the job still available.
신문에 난 구인 광고를 보고 전화를 드리는 겁니다. 아직도 그 자리가 비어 있습니까?

I' m interested in applying for the job you advertised in the paper.
신문에 내신 그 자리에 지원할까 합니다.

It' s already been filled.
그곳은 이미 채용되었습니다.

As soon as there is a place, I' ll let you know right now.
자리가 나는 대로 곧 알려 드리겠습니다.

I' d like to say away from jobs that are dirty and difficult.
더럽고 힘든 직업은 피하고 싶어요.

Mr. Miller has an eye upon that position.
밀러씨가 그 자리에 눈독을 들이고 있어요.

Could you tell me if you have any secretarial openings?
비서직에 빈 자리가 있습니까?

Have you hired a replacement for Miss. Kim yet?
미스 김 후임을 채용하셨어요?

취직 추천

We have a vacancy in personnel department.
우리 인사부에 공석이 하나 있습니다.

Don' t you know anyone to recommend as my secretary?
제 비서로 누구 추천할 사람 없습니까?

Not at the moment, but I' ll keep my eyes open for you.
지금 당장은 없지만 앞으로 눈여겨보겠습니다.

면접하러 갈 때

Make a good impression.
좋은 인상을 주려고 하세요.

Show off your good sides.
당신의 좋은 면을 보여 주세요.

면접 시작

Come in. Have a seat. It' s Jack Hudson, isn' t it?
들어오세요. 앉으세요. 잭 허드슨씨군요.

Yes, that' s right.
네, 그렇습니다.

Well, I' ve looked over your application.
음, 당신의 지원서를 검토해봤습니다.

Can I check the information?
몇 가지 사항을 확인 좀 할까요?

Yes, of course.
네, 물론이죠.

You' re applying for a secretarial job, aren' t you?
비서직에 지원하셨군요.

Yes, a bilingual secretarial job.
네, 2개 국어를 하는 비서직에 지원했습니다.

You went to school in San Francisco, didn' t you?
샌프란시스코에서 학교를 다니셨군요, 그렇죠?

That' s correct.
그렇습니다.

Thank you for your interest in our hotel.
우리 호텔을 지원해 주셔서 감사합니다.

Now, let me just check a few things.
자, 몇 가지 사항을 확인하겠습니다.

지원동기

What made you choose our hotel?
이 호텔을 지원하게 된 동기가 무엇입니까?

What made you pick this hotel?
이 호텔을 선택하게 된 동기가 무엇입니까?

Tell me why you are interested in working for this hotel.
왜 이 호텔에서 일하고 싶다고 생각하는지 말씀해 주세요.

What made you decide to change your job?
무엇 때문에 직업을 바꾸기로 결심하셨습니까?

May I ask you why left the company?
그 회사를 왜 그만두셨습니까?

Have you applied for work any other hotel?
다른 회사에 지원한 적이 있습니까?

Are you interested in making a career of this job?
앞으로 이 일을 계속하시겠습니까?

If you are accepted at both places, which company will you choose?
양쪽 다 채용된다면, 어느 회사를 선택하시겠습니까?

Why do you think you didn' t get that job?
왜 그 직장에 채용이 안 됐다고 생각하십니까?

Why did you quit the job?
왜 그 일을 그만두셨습니까?

Why do you consider yourself qualified for this kind of work?
왜 이런 직업에 당신이 적당하다고 생각하십니까?

What made you decide on this type of job?
왜 이런 직업을 갖기로 결심하셨습니까?

What got you interested in this sort of work?
어떻게 해서 이런 일에 관심을 갖게 되었습니까?

How did you know about the job?
우리 회사에 대해 어떻게 아셨습니까?

How did you hear about the job?
당사의 구직에 대해서 어떻게 아셨습니까?

How did you see or help-wanted ad?
당사의 구인광고에 대해서 어떻게 아셨습니까?

What would you like about this job?

이 직업의 어떤 점이 마음에 드십니까?

What can you do for this company?
이 회사를 위해서 무엇을 기여할 수 있겠습니까?

What do you think you' ll bring to this company?
이 회사에 무엇을 기여할 수 있다고 생각하십니까?

We' re looking for a suitable secretary to work for the president of our company.
저희 회사 사장님을 위해서 일할 적합한 비서를 찾고 있습니다.

Do you have references.
추천서를 가지고 있습니까?

Do you have any particular conditions that you would like the company to take into consideration?
회사가 참작하기를 바라는 특별한 사항이라도 있습니까?

This hotel provides you with a very good future.
이 회사는 장래가 아주 밝습니다.

기본 사항

Tell me about yourself, please.
자기소개를 해 보세요.

Could you tell me about your family background?
가족관계에 대해서 말씀해 주시겠습니까?

Do you spend much time(speaking)with your family?
가족들과 대화를 나누는 시간이 많습니까?

How do you get along with your brothers and sisters?
형제자매들과의 사이는 어떻습니까?

What' s your present address?
현재의 주소는 어디입니까?

Where is your family from?
본적이 어디입니까?

How old are you now?

현재 나이는 어떻게 되십니까?

Do you have a social security number?
사회보장번호가 어떻게 되죠?

Do you always wear glasses?
안경은 항상 쓰십니까?

Have you moved often?
이사한 경험이 있습니까?

Have you ever gone abroad?
외국에 가 본적이 있습니까?

Is it long commute to work?
통근하는데 시간이 오래 걸립니까?

Will it be a commute to work?
통근하는데 시간이 오래 걸립니까?

How long does it take to commute between here and your home?
여기서 집까지 통근하는데 시간이 얼마나 걸리나요?

건강 상태

How is your physical condition?
건강상태는 어떻습니까?

Have you ever had any serious illnesses?
예전에 중병에 걸린 적이 있습니까?

Do you have any physical defects that affect your work?
일을 하는 데 영향을 줄 만한 신체적 결함이 있습니까?

My health is not so good.
저는 건강상태가 별로 안 좋아요.

I' m not feeling well.
기운이 없어요.

Something must be wrong with me.
몸에 이상이 있는 것 같아요.

I don' t feel very well.

몸의 상태가 별로 안 좋아요.

I easily get tired these days.
요즘은 쉽게 피로해져요.

I've never had any trouble with my health.
저는 아파본 적이 없어요.

You don't look well.
안색이 안 좋아 보이군요.

I have an aspirin. Would you like one?
아스피린이 하나 있는데, 드시겠어요?

Are you still keeping up with your morning exercise?
요즘도 아침 운동을 계속하십니까?

I make it a rule to jog early in the morning.
아침 일찍 조깅하는 걸 습관으로 하고 있습니다.

I take an aerobic class twice a week.
저는 일주일에 두 번씩 에어로빅 강습을 받아요.

근무

If you got hired by this company, what department would you like to work in?

이 회사에 입사하게 되면, 어느 부서에서 근무하고 싶습니까?

How long do you think can you work here?
여기서 얼마나 오래 근무할 생각입니까?

How long are you planning to stay with us?
우리와 얼마나 오래 근무하실 생각입니까?

Are you available to work at anytime if required?
우리가 필요로 한다면 어느 때나 일을 하실 수 있습니까?

Would you be able to start working right away?
곧 일을 시작할 수 있으세요?

Would you be able to do shift work?
교대 근무를 할 수 있습니까?

Sometimes you would have to work the night shift.
때때로 야근을 해야 되거든요.

What kind of job experience do you have?
어떤 직업 경험을 가지고 계십니까?

When would you be available to start working?
언제부터 일 할 수 있습니까?

How many hours can you work per week?
주당 몇 시간 일할 수 있습니까?

We have an opening position as a clerk in the sales department.
영업부에 영업사원 자리 하나 비어 있습니다.

Have you ever been fired from job?
직장에서 해고당한 적이 있습니까?

How was your performance with your previous employer?
전 직장에서의 근무 성적은 어땠습니까?

Did you miss many days of work?
결근을 많이 하셨습니까?

After the placement test you' ll be assigned.
배치 시험 후에 보직이 배정될 것입니다.

급여

How much are you expecting to get paid?
급여는 어느 정도 생각하고 계십니까?

What starting salary would you expect?
초봉은 얼마나 생각하고 계십니까?

능력

What do you think your qualifications are?
당신의 자격은 무엇이라고 생각하세요?

Do you have any special qualifications?
특별한 자격증을 가지고 계십니까?

What are your qualifications?
어떤 자격을 가지고 계십니까?

How is your professional conduct?
업무 수행 능력은 어떻습니까?

Can you make yourself understood in English?
영어로 의사소통을 할 수 있습니까?

Have you studied any other languages besides English?
영어 외 다른 언어를 공부한 적이 있습니까?

Can you use a word processor?
워드프로세서를 사용할 줄 아십니까?

From reading over your resume, I assume your English is quite good.
이력서를 보니까, 영어를 아주 잘 하시는 것 같군요.

Can you operate a personal computer?
컴퓨터를 다룰 줄 아십니까?

How fast can you type?
타이프는 어느 정도 칩니까?

How many words per minute do you type?
타자는 분당 몇 자나 칩니까?

Do you have any special technical background?
특수한 기술직 경험이 있으신가요?

We need a man who knows the ropes.
우리는 경험자를 필요로 하고 있습니다.

Which do you prefer working with people or alone?
혼자서 일하는 걸 좋아하세요, 아니면 사람들과 함께 일하는 걸 좋아하세요?

인간관계

Could you name the person that you respect most?
가장 존경하는 분의 이름을 말씀해 주시겠어요?

Do you have any people you' d call really close friends?
정말 친하다고 할 만한 친구들이 있습니까?

What problems have arisen when working with your co-worker?
직장 동료와 일하면서 무슨 문제가 있었습니까?

How many close friends do you have?
가까운 친구가 몇이나 됩니까?

Would you say you have lots of friends or just a few?
친구가 많은 편인가요, 적은 편인가요?

Have you ever made friends while you were traveling?
여행을 하면서 친구들을 사귄 적이 있습니까?

조직 적응력

Why do you think a job is necessary for people, and for you?
직업이 당신은 물론 여러 사람에게 왜 필요하다고 생각하십니까?

I really don' t know why you are asking that to me. we should get a job just like we get married after we grow up.
당신이 저한테 그것을 물어보는 이유를 모르겠습니다. 우리는 자라서 결혼하듯이 직업을 가져야 하는 것이라고 생각합니다.

Don' t you have any plan to continue your study in graduate school?

당신은 대학원에서 계속 공부할 예정은 없으신가요?

I will study the subjects that will help strengthen my career in this hotel.

저는 이 호텔에서 저의 경력을 쌓기 위해 전공 공부를 더 하고 싶습니다.

How do you deal with the type of people that you don't like very much.

당신은 당신이 제일 싫어하는 타잎의 사람을 어떻게 다루어나갈 것입니까?

I just try to listen to them and not to argue with them.

저는 그들과 다투는 게 아니라, 그들의 의견을 경청할 것입니다.

How high do you think you could be promoted?

어디까지 승진 할 수 있다고 생각하십니까?

I think I can be a director, at least, because I have a good educational background.

저는 교육 배경이 좋기 때문에, 적어도 이사직에까지 승진할 것이라고 예상합니다.

인생 · 직업관 · 생활방식

What do you think is the most important thing in life?

인생에서 가장 중요한 게 뭐라고 생각하십니까?

What basic principle do you apply to your life?

인생이 좌우명이 무엇입니까?

What kind of things do you want in your future?

장래 포부는 무엇입니까?

What do you hope for?

장래 희망이 무엇입니까?

Would you tell me what you think of a job?

직업관이 무엇입니까?

What do you consider important when looking for a job?

직업을 구할 때 무엇을 중요하게 생각하십니까?

What do you think is the most important thing for your happiness?

행복을 위해서 가장 중요한 게 뭐라고 생각하십니까?

Do you have any guiding principles in your life?
인생의 생활신조가 있습니까?

How did you get here today?
오늘 여기까지 무슨 교통편을 이용했습니까?

I took a bus from my home to the subway station.
지하철역까지 시내버스를 이용하였습니다.

How long did it take you to get here from your home?
당신의 집에서 여기 오는데 얼마의 시간이 걸립니까?

How much do you spend as a monthly allowance, and how do you come up with the money?
당신의 한 달 용돈은 얼마이며, 그 돈을 어떻게 조달합니까?

I spend about two hundred thousand won a month. About half of it comes from my parents, and I earn the rest of it by working part-time.
저는 한달에 약 200,000원의 용돈을 쓰며, 반쯤은 부모님이 주시고 나머지는 저가 아르바이트를 해서 벌어서 쓰고 있습니다.

When did you begin drinking alcohol?
언제부터 알코올을 마시기 시작했습니까?

I started drinking after I entered university. I didn' t drink a bit then.

그전까지는 마시지 않았는데, 대학에 들어간 후 술을 마시기 시작하였습니다.

Have you ever made serious mistakes while you were drunk?

당신이 술에 취하여 큰 실수를 경험한 적이 있습니까?

Have you ever tried to stop smoking?

담배를 끊으려 한 적이 있습니까?

Yes, I did, but I never tried it seriously.

네, 그렇습니다. 그러나 아주 강하게 시도하지는 않았습니다.

Where do you usually purchase your clothes?

평소 어디서 옷을 구입합니까?

I don' t really know, because my mother buys them for me.

저는 모릅니다. 저의 어머니께서 구입해 주십니다.

What will you do with your first month' s salary?

당신의 첫 월급으로 무엇을 할 것입니까?

I will give it to mother, asking her to spend all the money for herself only.

저는 그 돈 전액을 어머니를 위해 쓰시도록 어머니께 드릴 것입니다.

How many sons and daughters do you want to have?

얼마나 많은 아들과 딸을 갖기를 원하십니까?

What kind of lady do you want to have as your wife?

어떤 형의 여자를 부인으로 맞이할 것입니까?

I wish to have a quiet and kind-hearted lady as my wife.

저는 조용하면서도 마음씨 착한 여자를 아내로 맞이하고 싶습니다.

Whom around you do you respect the most?

당신 주변에서 누구를 가장 존경하십니까?

I respect one of my college friends. He is very mature for his age, and knows no limits of tolerance.

저는 대학 친구 중 한 사람을 존경합니다. 그는 나이에 비해 매우 숙성하고, 아주 관대한 인물입니다.

Do you think you are respected by anyone?
당신은 누군가로부터 존경받고 있습니까?

I think I' m respected by some of my friends because I usually pay the bill in the beer house, with the money I earned from my part-time job.
저는 파트타임 해서 번 돈으로 맥주 집에서 술값을 저가 지불하기 때문에 친구들이 저를 존경한다고 생각합니다.

취미

Do you watch or play?
운동은 구경하는 편인가요, 실제로 하는 편인가요?

What kind of hobbies do you have?
어떤 취미를 가지고 계십니까?

How long have you been playing Paduk?
바둑을 둔지는 얼마나 오래 됐습니까?

How do you spend your free time?
여가를 어떻게 활용하십니까?

What is the most impressive book you' ve read recently?
최근에 읽은 책 중에서 가장 인상적인 책은 무엇입니까?

What is your hobby?
당신의 취미는 뭐죠?

학력 · 학창시절

Who is the teacher who impressed you most strongly?
당신에게 가장 깊은 인상을 심어 주었던 스승은 누구입니까?

How were your grades in college?
대학 시절 학교 성적은 어땠습니까?

Please tell me something about your experiences in college.
대학 시절에 관한 얘기를 좀 해 주세요.

Did you work during college?

대학 시절에 아르바이트를 하셨습니까?

Were you involved in any club activities at your college?
대학 시절에 클럽활동에 관여했습니까?

What was your favourite subject?
좋아했던 과목은 무엇이었습니까?

What was your graduation thesis on?
졸업논문은 무엇에 관한 것이었습니까?

Have you kept in contact with any of your friends from middle school?
중학교 시절의 친구들과 교류가 있습니까?

Was there a teacher who impressed you strongly?
당신에게 깊은 인상을 주었던 선생님이 있었습니까?

Would you tell me about your educational background?
학력에 대해서 말씀해 주시겠어요?

Your application says you were out of school for a year during college. Why was that?
지원서에 대학교 재학중에 1년 동안 휴학한 것으로 되어 있는데, 무엇 때문이었죠?

기타

That concludes our interview.
이것으로 인터뷰는 끝났습니다.

I appreciate your being frank.
솔직하게 답변해 주셔서 감사합니다.

You' ll be hearing a definite yes or no from us within a few days.
수일 내로 확답을 드리겠습니다.

We' ll let you know our decision within a few days.
수일 내로 결과를 알려 드리겠습니다.

In a few days his employment will be decided upon.
그의 채용 여부는 2, 3일 내로 결정될 것입니다.

We' ll think it over and call you as soon as we make our decision.

검토를 한 후 결정되는 대로 즉시 전화를 드리겠습니다.

Would you show me your credentials.
자격 증명서를 보여 주시겠어요.

Do you have a work permit from school?
학교에서 발급한 취업 인정서를 가지고 계십니까?

We' re looking for somebody to fill the position.
저희는 그 직위에 적임자를 찾고 있는 중입니다.

Send the next applicant in on your way out.
나가시는 길에 다음 사람을 들여보내 주세요.

We' ll certainly consider your application.
당신의 지망을 충분히 고려하겠습니다.

How can we contact you about our decision?
어떻게 결과를 알려 드릴 수 있을까요?

There is no obligation after placement.
채용이 되더라도 의무적인 것은 아닙니다.

Can you relocate if you' re hired by us?
채용이 되면 이사를 할 수 있습니까?

You may reject the offer after placement.
채용이 된 후에 이 제안을 거절하셔도 됩니다.

Tell me what you know about our hotel.
우리 호텔에 대해 알고 있는 것이 있으면 말씀해 주세요.

피면접자의 질문사항

May I ask you something?
뭐 좀 물어봐도 되겠습니까?

When can I get the result of the interview?
면접 결과는 언제 알게 될까요?

How can I know the results of the interview?
면접결과는 어떻게 알 수 있습니까?

Should I call back for the results of the interview?

면접결과를 알려면 전화를 해야 합니까?

What will be my annual income?
연봉이 얼마나 됩니까?

What kind of wage is being offered for the job?
그 일자리에 얼마의 임금을 받게 되나요?

I' d like to start around at 700,000 won per month.
초봉은 70만 원 정도면 좋겠습니다.

What' s the starting salary?
초봉은 얼마나 됩니까?

What' ll be my monthly wage?
월 급여는 얼마나 됩니까?

What is your policy on bonuses?
보너스 제도는 어떻게 되어 있습니까?

May I ask how much the bonuses are?
보너스는 얼마나 됩니까?

Does your company give bonuses?
보너스는 줍니까?

Do you have any fringe benefits?
급료 외에 특별 혜택 같은 것이 있습니까?

What kind of employee benefits do you have?
직원 복지제도에는 어떤 것이 있습니까?

Do you provide medical insurance?
의료보험 혜택을 제공합니까?

Does the job have many benefits?
그 일자리에는 여러 가지 혜택이 많은가요?

How many days do I get for annual vacation?
일년에 휴가는 며칠 정도 됩니까?

Is there paid vacation?
유급 휴가가 있습니까?

Well, I look forward to hearing from you.

그럼, 결과를 기다리겠습니다.

What hours would I work?
근무 시간은 어떻게 됩니까?

How often do I have to work overtime?
시간 외 근무는 얼마나 자주 해야 합니까?

Do you advise your women employees to stop working when they get married?
여성이 결혼하면 사직하도록 권고합니까?

Are there opportunities for women to be promoted?
여직원도 승진할 기회가 많이 있습니까?

Do you give priority to experienced applicants?
경험이 있는 지원자에게 우선권을 주나요?

I have a recommendation letter from the headmaster.
교장선생님께서 써준 추천서를 가지고 있습니다.

I think it sounds like what I' m looking for.
그게 제가 찾고 있던 직업이라고 생각합니다.

Would I have to work overtime often?

초과 근무를 자주해야 합니까?

May I see your written company policy?
회사 방침을 좀 봐도 되겠습니까?

Would there be any opportunities to work abroad?
해외에서 근무할 수 있는 기회가 있습니까?

Do you have an orientation program for new employees?
신입사원에 대한 연수 계획이 있습니까?

How long is the training?
연수 기간은 얼마나 됩니까?

Do I have to join the labor union?
노조에 의무적으로 가입해야 합니까?

면접 결과

John, Have you finished the exam?
존, 시험 끝났니?

Yes, I have. Whew!
응, 끝났어. 휴 ~

Was it hard?
어려웠어?

Well, yes. It was pretty hard.
글쎄, 꽤 어려웠어.

Did you passed?
합격했니?

I don' t know. The interviewer didn' t tell me.
모르겠어, 면접관이 얘기를 안 해 줬거든.

What questions did he ask?
면접관이 무슨 질문을 했었어?

First he asked me what my hobbies were?
맨 먼저 내 취미가 뭐냐고 물었어?

합격

How did your interview go?
면접은 어땠어요?

I made it.
해 냈어요.

I got a job at last.
나 드디어 취직했어.

How did you find your new job?
어떻게 새 직장을 구하셨어요?

불합격

I' m over the age limit.
나이 제한에 걸렸어요.

No response yet.
아직 소식이 없어요.

I haven' t heard anything at all from them.
그들로부터 아무런 소식도 못 들었어요.

There are three ingredients in the good life : learning, earning and yearning.
훌륭한 삶에는 세 가지 요소가 있다. 즉 배우겠다는 의지, 돈 버는 활동, 무엇인가 대한 성취 욕구 등 세 가지이다.

c·h·a·p·t·e·r

3 호텔 객실을 예약할 때
Room Reservation in English

현대 사회에서 숙박 시설을 갖춘 호텔에 투숙하는 것은 단지 숙박만을 하고 떠나는 게 아니라 각자의 업무와 취미생활, 즐겁게 맛 볼 수 있는 식당, 주변의 역사적 관광지, 일상 생활용품 구입의 편리성, 통신 문제, 쉽게 이용할 수 있는 병원, 교통 등이 충분히 확인되어야 할 때가 있기도 하다.

Hilton Hotel, front desk. May I help you?
　힐튼 호텔, 프런트 데스크입니다. 뭘 도와 드릴까요?

Yes, I' d like to make a reservation for tonight.
　네 오늘밤 예약을 하고 싶습니다.

Reservation Miss Kim speaking, Can I help you?
　예약담당 김양입니다. 무엇을 도와드릴까요?

Yes, I' d like to confirm my reservation.
　네, 예약을 확인하고 싶습니다.

Please tell me the date of your reservation.
　예약일자를 말씀해 주세요.

It was for July 25th.
　네, 7월 25일입니다.

May I have your name please?
　성함을 말씀해 주시겠어요?

Richard Kim.
　리차드 김이라고 합니다.

Would you tell me your arrival date of the reservation?
고객님의 호텔 도착 예약일자를 말씀해 주시겠어요?

What kind of room do you have in mind?
어떤 방을 원하시는데요?

I' d like a twin room, please.
일인용 침대가 두 개 있는 방을 필요합니다.

I' m afraid we' re fully booked.
죄송하지만 방이 다 찼습니다.

The only room available now is a suite.
남아있는 방은 특실 하나뿐입니다.

Could you tell me what the rate is?
숙박 요금이 얼마인지 말씀해 주시겠어요?

Yes, sir. Eighty dollars a night.
네, 일박에 80달러입니다.

숙박기간

How long will you be staying?
얼마나 머무르실 겁니까?

How long are you staying?
얼마나 머무르실 겁니까?

How long will you be staying, ma' am?
얼마동안 머무르실 겁니까?

For about a week.
일주일 동안 머물 겁니다.

I' m staying for three nights.
3박을 합니다.

I' d like to reserve a single room for May 12th and 13th.
5월12일과 13일 싱글 룸을 예약하고 싶습니다.

I' d like to make a reservation for two nights starting July 12.
7월 12일부터 2일간 예약하려고 합니다.

원하는 방을 말할 때

What kind of room would you like (to have)?
어떤 종류의 방을 원하십니까?

I' d like a single room, please.
싱글 룸이 필요합니다.

I want to reserve a single room with a bath for three nights.
오늘 밤부터 3일간 욕실이 있는 1인용 객실을 예약하고 싶습니다.

We want a nice room for three nights.
3일 밤을 묵을 좋은 방을 원하는데요.

I' d like to know if a single room is available for tonight.
오늘 밤 싱글 룸 하나 쓸 수 있는지 알고 싶은데요.

Can I stay at your hotel tonight?
오늘 밤 이 호텔에 투숙할 수 있을까요?

Could you tell me the kinds of rooms and prices?
방의 종류와 (예상)가격을 말씀해 주시겠습니까?

호텔설비 문의

Does your hotel have a swimming pool?
호텔에 수영장이 있는가요?

Yes, it does.
네, 있습니다.

숙박요금

How much do you charge for a single room?
1인용 객실 숙박요금은 얼마입니까?

What is the daily rate?
하루 숙박비가 얼마입니까?

I wonder if you have anything less expensive?
더 싼 방은 없습니까?

What' s the charge of a room without a bath?
욕실이 없는 방의 숙박료는 얼마입니까?

Could you let me know what the rate is?
숙박료가 얼마인지 알려 주시겠습니까?

I' d like to have some information on room rates.
숙박료에 대해서 좀 알고 싶습니다.

How much are you willing to spend for a night?
하루 숙박비로 어느 정도를 쓰실 생각이세요?

방이 없을 때

I' m afraid we have no vacancies on that day.
죄송하지만 그 날에는 빈방이 없습니다.

I' m afraid we' re all filled up now.
죄송합니다만 지금은 방이 없습니다.

Will you have anything tomorrow night?
내일 밤에는 빈방이 나겠습니까?

Do you have anything available tomorrow night.
내일 밤 빈방이 있겠습니까?

Do you expect any rooms available tomorrow night?
내일 밤에는 빈방이 있겠습니까?

We' ll give you the first cancellation.
예약 취소가 있을 경우, 손님에게 먼저 그 방을 드리겠습니다.

Leave your name and phone number, please.
당신의 성함과 전화번호를 남겨 두십시오.

I' d like to reserve a single room.
싱글 룸을 하나 예약하고 싶습니다.

From December seventeenth to the twentieth.
12월 17일부터 20일까지 입니다.

Could I have your name, please.
성함이 어떻게 되시죠?

예약확인

I' d like to confirm my reservation.

예약을 확인하고 싶습니다.

I' d like to check if there is a reservation for a room under the name of Rock Soh?

「락 서」라는 이름으로 예약된 방을 확인하고 싶습니다.

예약 변경

I' d like to change my reservation.

예약을 변경하고 싶습니다.

I' d like to change my reservation for September 13.

9월13일자로 된 예약을 변경하고 싶습니다.

I have a reservation for a double, but I would rather have a single instead. Is it possible?

더블(2인용) 룸으로 예약했는데, 싱글(1인용) 룸으로 바꿀 수 있을까요?

My present reservation is for September 13.

현재 예약된 날자는 9월 13일로 되어 있습니다.

I' d like to make a change in my reservation for two singles instead of a double.

2인용 객실 대신 1인용 객실 2개로 예약을 변경했으면 합니다.

예약취소

I' d like to cancel my reservation for September 13.

9월13일자 예약을 취소하고 싶습니다.

Up to when do I have to cancel this reservation?

이 예약을 (취소하려면)언제까지 취소해야 합니까?

Forty-eight hours prior, sir.

48시간 전에 하서야 합니다.

Please hold my reservation if I' m a little late.

제가 좀 늦더라도 예약을 취소하지 마십시오.

I' m sorry that we have to cancel the trip to Korea.
미안하지만, 우리의 이번 한국 여행을 취소해야 할 형편입니다.

We hope to serve you if you visit to Korea later.
다음번에 한국 오시게 되면 모시게 되기를 희망합니다.

I hope so. I' m sorry about it this time.
나도 그렇게 되기를 바랍니다. 이번에는 정말 미안하게 되었습니다.

호텔현관 서비스

Welcome to our hotel, sir.
저희 호텔에 오신 것을 환영합니다.

Are you checking in?
지금 체크 인 하시겠습니까?

Yes.
그래요.

Step this way over to the front desk.
후론트 데스크는 이쪽입니다.

I' ll look after your bags.
저가 고객님의 가방을 돌보겠습니다.

Room Reservation in English

Thanks. Please take care of my bags.

고마워요. 내 가방을 부탁합니다.

My pleasure. Enjoy your stay, sir.

이것이 저의 즐거운 임무입니다. 편안하고 즐거운 투숙이 되시기를 바라겠습니다.

May I help you with your baggage?

짐을 들어드릴까요?

No, thanks. It' s not so heavy that I can carry it by myself.

Where can I register?

고맙지만 가벼우니까 내가 가져갈게요. 어디서 등록합니까?

No, it' s not heavy. I can manage it.

아니오, 무겁지 않으니 내가 가져갈게요.

Can you park my car in the parking lot?

내 차를 좀 주차해 주시겠어요?

Sure, sir. I' ll take care of your car.

물론입니다. 차를 돌봐 드리겠습니다.

Yes, please. Where can I register?

네, 숙박 등록을 어디서 하죠?

Right this way, please.

이쪽으로 오십시오.

Bell-service

I' ll show you to your room.

손님의 방으로 안내하겠습니다.

Thank you.

고마워요.

Here, we' re on the 25th floor.

여기는 지금 25층입니다.

Room 2570 is on your right.

객실 2570호실은 오른 쪽입니다.

This is your room. After you sir. Please get in.

이 방입니다. 먼저 들어가시지요.

It' s a very nice room.
아주 좋은 방이군요.

I' m glad that you like it, sir.
방을 만족해하시니 반갑습니다.

Is there anything else I can do for you, sir?
더 도와드릴 일이 있겠습니까?

No, I don' t think so.
없을 것 같아요.

If you need any help, please feel free to call the bell desk.
도움이 필요하시면, 부담없이 벨 데스크로 연락 주십시오.

I' ll do that. Thank you very much.
그렇게 할게요. 고맙습니다.

Here is the light switch for the bathroom.
화장실 전등 스윗치입니다.

How do I call room service?
룸 서비스를 어떻게 부릅니까?

Please dial 5, ma' am.
네, 5번을 돌려주십시오.

Room Service operates 24 hours a day.
룸 서비스는 24시간 영업합니다.

Can I have some paper and envelopes?
종이와 봉투를 구할 수 있을까요?

I need to write some letters.
몇 장의 편지를 쓰려고 합니다.

All stationary is in the desk drawer.
모든 문방구류는 책상 서랍에 있습니다.

Anything else I can do for you?
손님에게 더 필요한 게 있으십니까?

Yes, how late does the beauty shop stay open?

네, 미용실은 늦게까지 영업합니까?

Until 9 p.m..

오후(밤) 9시까지입니다.

Thanks a lot.

고맙습니다.

Who is it?

누구세요?

Bell Service. I brought your bag.

벨 서비스입니다. 손님의 가방을 가지고 왔습니다.

Wait a minute. Come on in.

잠시 기다리세요. 들어와요.

Sorry for the delay, sir.

늦어서 미안합니다.

That' s all right. Leave it there.

괜찮아요. 짐은 거기 놓아두세요.

Enjoy your stay.

즐겁게 보내세요.

예약을 했을 때의 체크 인 대화

Good morning. May I help you?

안녕하세요. 도와 드릴까요?

Yes. I have a reservation for Mr. Park.

네, 박이라는 이름으로 예약을 했습니다.

Just a minute, please.

잠깐만요.

Oh, yes. Mr. Park, a single for three nights.

오, 미스터 박, 싱글 룸으로 3박을 하시는군요.

Would you fill out this registration form?

이 숙박 신고서를 작성해 주시겠어요?

Here is your key. Your room number is 777.
　여기 방 열쇠가 있습니다. 객실 번호는 777번입니다.

Thank you. When is the check out time?
　고맙습니다. 체크 아웃 시간은 몇 시죠?

투숙 등록을 접수할 때

Have you made a reservation?
　예약은 하셨습니까?

What name is it under?
　어느 분의 이름으로 예약되어 있습니까?

It' s under the name Rock Soh.
　락 서라는 이름으로 되어 있습니다.

You have a reservation for Rock Soh.
　락 서라는 이름으로 예약이 되어 있군요.

I made a reservation for three by phone.
　전화로 세 사람을 예약하였습니다.

You' re in room 715 on the seventh floor.
　선생님 방은 7층 715호실입니다.

Please write down your name, nationality, and passport number on this card.

이 카드에 이름과 국적, 여권 번호를 기입해 주십시오.

I need you to complete this registration card.

이 숙박 카드를 작성해 주십시오.

When are you going to check out?

언제 퇴숙하실 겁니까?

예약착오일 경우

I' m afraid I can' t find your reservation.

죄송하지만, 손님은 예약이 되어 있지 않습니다.

I' m sorry, we don' t have your reservation.

죄송하지만, 손님은 예약이 안 되어 있습니다.

When did you make a reservation?

언제 예약을 하셨습니까?

I' m certain I made a reservation for today.

분명히 오늘 날짜로 예약을 했습니다.

What name is it under?

어느 분으로 예약이 되어 있습니까?

It' s under Rock Soh.

락 서라는 이름으로 되어 있습니다.

My reservation was made through Elite Travel.

엘리트 여행사를 통해서 예약을 했습니다.

We usually hold rooms for confirmed reservation.

저희는 대개 예약이 확인된 방만 비워 놓습니다.

객실의 형태

single room : 1인용 객실(1인용 침대 1개)

double room : 2인용 객실(2인용 더블 침대 1개)

twin room : 2인용 객실

twin-bedded room : 1인용 침대가 2개 있는 객실

triple room : 3인용 객실(1인용 침대 3개)

suite : 특실(침실에 응접실이 달림)

기타 : a single room with bath(욕실 달린 싱글 룸)

a double room facing the front(전방을 향한 2인용객실)

예약을 안 했을 때의 체크 인 대화

Do you have a reservation ?
예약을 하셨습니까?

No, I don' t, but do you have a room for tonight?
안 했습니다. 오늘 밤에 방이 있습니까?

Yes. A single room, or a double room.
네, 싱글 룸으로 드릴까요, 더블 룸으로 드릴까요?

A single room, please.
싱글 룸으로 주세요.

Well, do you have any rooms with a wonderful night view of this city?
그런데 이 도시의 멋진 야경을 볼 수 있는 방이 있습니까?

Room 777 has a beautiful view of this city.
777호실이면 도시의 멋진 경관을 볼 수 있습니다.

How much is it?
숙박 요금은 얼마입니까?

It' s 150 dollars including tax.
세금을 포함해서 150달러입니다.

All right. I' ll take it.
좋습니다. 그 방으로 하겠습니다.

Do you have two double rooms free for tonight?
오늘 밤 빈 더블 룸 두 개가 있겠습니까?

One moment, sir. I' ll just check for you.
잠시만 기다려 주십시오. 곧 확인해 보겠습니다.

I' m afraid we haven' t two double rooms, sir.
죄송하지만, 비어있는 두 개의 더블 룸은 없습니다.

예약 여부 확인

Do you have a reservation, Ma' am?
예약을 하셨습니까?

I have no reservation.
예약은 하지 않았습니다.

빈 방이 있는지를 확인할 때

Do you have any vacancies?
빈 방이 있습니까?

There' s no vacancy at the moment.
지금은 빈 방이 없습니다.

How soon can I expect any openings?
언제쯤 빈 방이 날까요?

We will have one single room, but it' s not available until two o' clock.
싱글 룸 한 개가 나오긴 하지만, 2시 이후에나 사용이 가능합니다.

Please put me on the waiting list.
대기자 명단에 올려 주세요.

Do you have any rooms for tonight?
오늘 밤 묵을 방 있습니까?

Could you recommend another hotel near by?
이 근처에 있는 다른 호텔 하나 추천해 주시겠습니까?

방을 결정할 때

What kind of room would you like?
어떤 방을 원하십니까?

May I have a room on the third floor?
3층에 있는 방 하나 주세요.

I' d rather have something higher up.
가능한 한 위층으로 부탁합니다.

Could you tell me what the room is like?
방이 어떻게 생겼는지 말씀해 주시겠어요?

Are the rooms next to each other?
방들이 서로 이웃해 있는가요?

Do you have a room overlooking the pool?
수영장을 내려다 볼 수 있는 방이 있습니까?

Yes, certainly. you can have room 1025.
물론이죠. 1025호실을 잡으시면 됩니다.

I need a room commanding a good view.
전망이 좋은 방을 주세요.

I' d like a quiet room.
조용한 방을 부탁합니다.

✂방을 바꾸고 싶을 때

I don' t like this room.
이 방이 마음에 들지 않습니다.

Could I change my room?
방을 바꿀 수 있을까요?

Could you please change my room.
방을 좀 바꿔 주시겠습니까?

I hear a lot of traffic noise from outside.
밖에서 차량 소음이 너무 많이 들립니다.

I' d like a quieter one.
좀 더 조용한 방을 부탁합니다.

✂후론트에서 객실까지

Sir, this way, please.
손님, 이쪽으로 오십시오.

OK.
알았어요.

This is your room.
여기가 손님방입니다.

It' s a nice room.
멋진 방이군요.

I' m glad that you like it, sir. Is there anything else I can do for you, sir?
객실이 마음에 드신다니 고맙습니다. 다른 것 도와드려야 할 게 있을까요?

Where shall I put your baggage.
짐은 어디에 놓을까요?

Over here by the window?

여기 창가에 놓으세요.

OK, sir. Have a good night, sir.
알겠습니다. 편히 쉬십시오.

Wait a minute. This tip is for you.
잠깐만요. 이건 당신께 드리는 팁입니다.

If you need any help, please feel free to call the bell desk.
도움이 필요하시면, 부담 없이 벨 데스크로 전화해 주세요.

Thank you, sir.
감사합니다.

짐을 부탁할 때

Would you please have my luggage taken up to my room?
제 짐을 방으로 올려 주시겠습니까?

Please have a bellboy carry my luggage up to my room.
벨 보이에게 제 짐을 방으로 옮겨 달라고 해 주세요.

Please take this bag to the elevator.
이 가방을 엘리베이터까지 운반해 주세요.

Room Reservation in English

✿방으로 안내할 때

I' ll show you the room that you reserved.
손님께서 예약하신 방을 보여 드리겠습니다.

This is the room I have in mind for you.
이 방이 선생님을 위해 준비해 둔 방입니다.

If you need anything, please call me.
필요한 것이 있으시면 저를 불러 주십시오.

I hope you' ll have very comfortable stay.
편안한 체류가 되시기 바랍니다.

I' m sure you' ll find everything satisfactory.
틀림없이 모든 것이 만족스러울 겁니다.

✿예약한 방과 틀릴 때

I' ve just checked in, I have a problem with my room.
방금 투숙했는데, 방에 문제가 있습니다.

What' s the problem?

무슨 문제죠?

I asked for an nonsmoking room, but I didn' t get it. My room smells like cigarettes. Could you change my room, please?

비 흡연 방을 부탁했었는데, 그런 방이 아닌데요. 방에 담배 냄새가 나는 것 같습니다. 방을 바꿔 주시겠습니까?

I' m sorry, but we don' t have any more nonsmoking rooms. We won' t charge you for your room tonight.

죄송합니다만 비 흡연 방이 더 이상 없는데요. 오늘 밤은 손님에게 숙박료를 받지 않겠습니다.

Thank you.

감사합니다.

I' m terribly sorry about this.

이거 대단히 죄송합니다.

서비스를 부탁할 때

Room service. May I help you?

룸 서비스입니다. 뭘 도와 드릴까요?

Yes. this is room 777.

네. 여기 777호실입니다.

Could you bring my breakfast in my room?

제 방으로 아침 식사를 갖다 주시겠어요?

All right, sir. I' ll send it up right away.

알겠습니다. 즉시 올려 보내 드리죠.

호텔 객실 전문 용어

Accommodation : 객실

Accommodation Change : 객실 변경(Room Change) · 객실의 보수 공사라든가 어쩔 수 없는 상황 때문에 객실을 블락(block)할 때 객실을 변경하는 경우를 말한다.

Adds : 추가 예약 기록 · 고객이 도착하는 당일 예약 기록표에 추가되는 예약사항

Adjacent Rooms : 복도 끝 방 · 호텔 객실의 복도(Hallway)끝에 위치한 방을 말한다.

Arrival · Departure and Change Sheet : 고객 도착 · 출발 · 변동 상황표 · 호텔 고객의 투숙 · 퇴숙 · 그리고 그 외의 변화가 기록되어지는 고객의 기록 변동 카드이다.

Arrival Time : 도착 시간 · 고객예약 원장과 투숙 등록 카드 등에 고객이 호텔에 도착하는 시간을 구세직으로 기록한 깃으로서 예약된 시간에 바로 고객이 도착하는 시간을 말한다.

Available Basis Only : 총괄적 예약 · 호텔의 특별한 단체나 개인에게 주어지는 객실, 컨벤션(Convention) 등에 특별요금이 따르고 예약 없이 사용 가능한 것이다. Available Room : 사용 가능한 객실 · 호텔의 판매 가능한 객실

Availability Report : 객실 현황 보고서 · 객실 판매의 예상고객 도착과 출발에 대한 정보로서 일반적으로 Night-Auditor가 작성한다.

Average Daily Room Rate : 일일 평균 객실료 · 호텔의 판매 가능한 객실 가운데서 이미 판매된 객실의 총 객실료를 판매된 객실 수로 나누어 구한 값을 말한다.

Average Rate Per Guest : 고객 당 평균 수익률 · 총 객실 수익(Total Room Revenue)에 총 고객 수(Total Number of Guests)로 나눈 값

Best Available : 단골 고객 또는 주요 고객을 위한 호텔 서비스로서 가능한 한 고객에게 예약한 것보다 나은 객실을 제공하는 서비스

Block Room : 호텔 객실을 특정한 관광 단체, 국제회의 참석자 또는 VIP를 위해 한 구역의 객실을 사전에 지정해 놓은 것을 말한다.

Book : 개인이나 단체객의 요청으로 객실 block이 필요로 할 때 호텔시설(Hotel Space)을 판매하는 것을 말한다.

Box : 기간 예약 · Box Date · 호텔 객실 예약부서의 용어로서 이미 판매되어 버린 날짜로부터 예약을 할 수 없는 기간

Casualty Factor : 객실을 예약한 단체 고객이 No-Show 및 취소로 나타나지 않은 단체 고객의 수

Check-in : 고객이 호텔에 도착하여 입숙 절차(Rooming Procedure)과정을 마치고 객실에 투숙하는 것을 말한다. 일반적인 호텔 투숙 시간은 오후 5~7시 사이가 대부분이다.

Check-out : 고객이 투숙 후 객실을 나가면서 Room-Key를 반환하고 호텔 회계 절차(Accounting procedure)를 마친 후 호텔을 떠나는 것을 말한다. 즉 퇴숙 절차를 마치고 호텔을 떠나는 것이다.

Check-out Hour : 고객이 객실을 비워야 하거나 하루의 추가요금이 부과되는 시간의 한계점으로 일반적으로 낮 12:00를 기준으로 삼고 있으며, Business Hotel, Resort Hotel 등에서는 10시 정도이다.

Closed Date : Full Date · 객실이 모두 만실이어서 판매가 불가능한 일자

Connecting Room : (Side By Side Room) 여러 개의 객실이 나란히 연결되어 있고 객실과 객실 사이에 통용문(Connecting Door)이 있는 객실이다. 가족단위 고객의 경우 이용이 편리하며, 복도를 따라 가로질러 건너갈 필요가 없어서 좋다.

Dead Room Change : 투숙한 고객의 부재로 인해 호텔이 물리적으로 객실을 변경하는 것을 말한다.

Double Occupancy Rate : 객실 하나에 두 명이 기본인데, 한 사람당 계산하는 것으로 관광객을 위한 객실 가격이다.

Down Grading : 호텔 객실 사정으로 인해 예약 받은 객실가격보다 저렴한 가격으로 고객을 객실에 투숙시키는 것이다.

Dump : 호텔 고객이 지정된 예약날짜나 시간보다 미리 퇴숙 절차를 밟는 것을 말한다.

Early Arrival : 조기 도착 고객으로 예약한 일자 보다 하루 내지 이틀 더 일찍 도착하는 경우를 말한다.

Express Check-in/out : 후론트 데스크에서 대기해야 할 번거로움을 없애기 위해서 전산 처리하는 방법으로 고객의 입숙과 출발을 신속하게 하기 위한 서비스이다.

Front Office : (Guest Service Area)숙박하고자 하는 고객에게 첫 인상을 심어주는 곳으로서 객실의 예약, 숙박 등록업무 및 객실배정 업무, 투숙고객에게 필요한 호텔 내 · 외부의 각종 정보 제공과 고객에 대한 정확한 정보수집과 신속하고 정확한 서비스를 제공하는 부서이다. 호텔과 고객간의 중계적 위치에 있으며 다른 관련 부서와 상호연계적인 기능을 수행함으로써 경영의 효율을 도모하는 객실 영업의 중심이 되는 곳이기도 하다.

Late Arrival : 예약된 고객이 호텔의 예약 유보시간(cut-off hour)보다 늦게 도착하는 것을 말한다. 일반적으로 오후 6시 이후에 호텔에 도착하는 것으로, 이 때 미리 호텔에 연착을 통보하여야 하며 그렇지 않을 경우 자동적으로 예약은 취소된다.

No-Show : 원래 항공 회사의 업무 용어이며, 탑승객이 예약을 해 놓고 항공기 출발 시까지 예약 취소의 연락도 없이 나타나지 않는 탑승객을 말한다. 그러나 최근에는 호텔에서도 일반적으로 사용되고 있다. 즉 호텔 예약 고객이 예약을 취소하지 않고 호텔에 도착하지 않는 것을 말한다.

Occupancy : 객실의 가동상태를 가리키며 지표로서 사용되는 객실이용률을 말한다. 객실 점유율의 산출방법은 판매된 객실 수(Room Sold)를 판매 가능한 객실 수(Number of Rooms available)로 나누어 값을 Percentage로 나타낸다. 즉 객실이용률이라고 불리 우는데, 객실을 단위로 하는 이용률이 아니고 Bed를 단위로 하는 이용률도 있다. 이것은 Bed 점유율(Bed Occupancy)이다.

Off-Season Rate : 호텔의 수요가 저조할 때 객실요금을 할인해 주는 것이다.

Over Booking : 전통적으로 호텔 예약관리에 있어서 기후, 항공사의 비행 연착 및 취소 등으로 인해 호텔의 통제를 초월한 불가항력적인 경우를 제외한 객실수요를 예측하는 문제이다. 호텔 객실은 당일 판매에 실패할 경우 재고 불가능한 서비스업의 단점 때문에 이를 조정하기 위한 호텔내부의 예약방법이다. 대개 10~15% 정도의 오버 북킹을 하고 있지만 현 시대의 호텔 전산망, 정보예측 능력, 교통 발달에 의해서 미국의 경우는 약 5% 정도의 오버 북킹이 이루어지고 있다.

Over Stay : 머물고자 했던 기간보다 체류기간을 초과하여 연장하는 경우이다.

Registering : 도착한 호텔 고객이 등록카드에 고객의 인적사항을 기재하고 서명함으로써 투숙고객이 되기 위한 절차 및 과정이다.

Reservation Clerk : 객실 예약 직원으로 호텔 투숙객의 객실사용에 관한 예약 업무를 담당하고 있으며 대규모 호텔의 경우는 룸 클럭에서 독립되어 있으나 소규모 호텔에서는 룸 클럭이 예약업무를 맡는 경우도 있다.

Reservation Confirmation : 호텔을 이용하기 전의 예약이 확실히 되어 있는지를 재확인하는 것을 말한다.

Room assignment : 후론트 데스크에서 업무 중에 매우 중요한 것으로 고객예약에 대하여 객실을 할당하는 것을 말한다. 당일 예약된 고객이 도착하기 이전에 객실배정 준비를 하여 도착 고객의 룸 배정 시간을 단축시킴으로써 효율적인 업무수행을 할 수 있다.

Total Market share of Hotel : 호텔의 점유 객실 수 / 경쟁그룹 총 점유객실 수로서 산출되어지며 자사 호텔의 객실점유율 경쟁력을 말한다.

룸 서비스

Is room service available?
룸 서비스가 가능합니까?

Can I order breakfast now?
지금 아침 식사를 주문할 수 있습니까?

Could you please bring my breakfast to my room?
내 방으로 아침 식사를 갖다 주시겠습니까?

I' d like it at eight.
8시에 갖다 주세요.

I ordered five bottles of beer. I wonder what happened to them.
맥주 5병을 주문했는데 어떻게 된 건지요.

I ordered five bottles of beer thirty minutes ago, but they haven' t come yet.
30분전에 맥주 5 병을 주문했는데, 아직 오지 않았습니다.

Could you rush my order?
주문한 것 빨리 갖다 주시겠습니까?

I ordered lunch from room service.
룸 서비스에 점심 식사를 주문해 두었어요.

Let' s order something from room service.
룸 서비스에 (먹을 것을) 주문합시다.

세탁 · 방 청소 부탁

Laundry service, Can I help you?
세탁담당입니다. 무엇을 도와드릴까요?

Yes, I have some shirts to be cleaned and pressed.
네, 약간의 세탁물과 다림질 할 것이 있습니다.

Can you send someone over to my room?
담당자를 내 방에 보내주시겠어요?

May I have your name and room number, please?
이름과 방 번호를 알려주시겠습니까?

My name is Charles Baker, and my room number is 2525.
내 이름은 촬스 베이커이고, 방 번호는 2525호입니다.

I have some laundry.
세탁물이 있습니다.

When can I have it back?
언제 돌려받을 수 있습니까?

When do you want it to be delivered?
언제쯤 돌려받기를 원하십니까?

I' d like to get it back at about 1 o' clock tomorrow afternoon.
내일 오후 1시쯤에 돌려받고 싶습니다.

You can get it back at that time.
손님께서 그 때까지는 돌려받을 수 있습니다.

They will be ready by tomorrow evening.
내일 저녁까지는 될 겁니다.

I' d like to have my shirts and trousers cleaned.
이 바지와 셔츠를 세탁해 주세요.

When will it be ready?
언제 다 됩니까?

Laundry service, sir. I' ve brought your laundry.
런드리 서비스입니다. 손님의 세탁물을 가지고 왔습니다.

Just a moment. Come in, please.
잠시 기다려 주세요. 들어오세요.

Where can I put your shirts? On the table or in the closet?
셔츠를 어디에 놓을까요? 탁자 위에 혹은 서랍장 속에 넣을까요?

Put them in the closet. There are many hangers in it.
서랍장 속에 넣어주세요. 그 안에 옷걸이가 많이 있습니다.

Would you sign the laundry slip, sir?
세탁 전표에 서명해 주시겠습니까?

Would you clean my room while I' m out?
제가 외출하는 동안 방 청소를 해 주시겠습니까?

I need my room cleaned up.
방을 청소해 주세요.

What' s your room number, sir?
방이 몇 호실이십니까?

Room 2585.
객실 2585호입니다.

Make up this room, please.
방 청소를 부탁합니다.

All right. I' ll send someone up there.
알았습니다. 그 쪽으로 사람을 보내겠습니다.

A room-maid will be there right away.
룸 메이드를 곧 보내드리겠습니다.

Linen Service

I need an extra blanket. It' s cold here.
담요 한 장 더 주세요. 여기 춥습니다.

There is a thermostat on the wall.
벽에 온도 조절 장치가 붙어있습니다.

Did you adjust it properly?
원하는 온도에 맞춰 조절해 두었습니까?

It doesn' t work.
작동하지 않습니다.

I adjusted it to the highest, but it is still not warm enough.
제일 높게 조정하였으나 만족스럽게 더워지지 않습니다.

May I ask your room number, sir?
방 번호를 알려 주십시오.

It is 1575.
1575호실입니다.

We' ll send you an extra blanket right away.
즉시 담요를 보내드리겠습니다.

And I' ll place a work order with our maintenance department to fix your heating controller.
손님방의 난방장치를 수리하기 위하여 정비부서에 수리작업을 의뢰하겠습니다.

Housekeeping. Can I help you?
객실 정비부입니다. 무엇을 도와드릴까요?

David Cummins, room 2575. I need a towel.
2575호실, 데이비드 커밍스인데요, 타올 한 장이 필요합니다.

Can you bring it to me?
한 장 보내 주시겠어요?

Of course, sir. What kind of towel do you want?
물론입니다. 어떤 타올을 원하십니까?

A face towel, please.
얼굴용 타올을 보내주세요.

모닝 콜 부탁

I' d like a five o' clock wake-up call.
다섯 시에 깨워 주십시오.

Please call me at 5:00. /Please wake me up at 5:00.
다섯 시에 깨워 주세요./다섯 시에 깨워 주세요.

Would you give me a wake-up call at five tomorrow morning?
내일 아침 5시에 전화로 깨워 주시겠어요?

I' m a heavy sleeper. If don' t answer, keep ringing.
저는 잠귀가 어두우니까, 대답이 없거든 벨을 계속 울려 주세요.

귀중품 보관

I' d like to deposit my valuables.
귀중품을 맡기고 싶습니다.

I' d like to use a safe deposit box.
귀중품 보관함을 사용하고 싶습니다.

Could you keep this camera until I check out?
이 카메라를 체크 아웃할 때까지 보관해 주시겠습니까?

Can I check my valuables with you?
귀중품을 맡길 수 있습니까?

Please put it in this envelop and seal it.
그걸 이 봉투에 넣어서 봉해 주세요.

I' d like to open my safe deposit box.
귀중품 보관함을 열고 싶습니다.

I' d like my valuables back.
맡긴 귀중품을 돌려주세요.

주차 서비스

Could you get my car, please?
제 차를 갖다 주시겠습니까?

Sure. What maker is it?
네. 차종이 뭐죠?

It' s a red Dodge Shadow.
빨간색 닷지 섀도우입니다.

I' ll bring it right away.
곧 갖다 드리겠습니다.

우편 서비스

Can I mail these letters here?
여기서 이 편지들을 부칠 수 있습니까?

Sure. Do you need stamps?
물론이죠. 우표를 드릴까요?

Yes, I do. Can I have about $5.00?
네. 5달러어치 주세요.

Five Dollars worth? No problem. Here you are.
5달러어치요? 물론이죠. 여기 있습니다.

I' d like to send this bag to Korea.
이 가방을 한국으로 부치고 싶습니다.

Would you please mail this letter for me?
이 편지 좀 부쳐 주시겠습니까?

Can I send a fax message from your hotel?
이 호텔에서 팩스를 보낼 수 있습니까?

My lips are sealed. 말 못 해요.

편지를 '봉하다' 라는 의미로 많이 쓰이는 seal이 '입을 다물다, 비밀을 누설하지 않다' 라는 뜻으로 쓰였습니다. 대화 중의 pipe down도 '조용히 하다, 이야기를 멈추다' 라는 뜻으로 명령문에서 많이 쓰이고, out of the picture는 '관계가 없는, 중요하지 않은' 이라는 뜻입니다.

M : I can' t get over how Mark is marrying Ellen and not Suzanne.
난 마크가 어떻게 수잔을 두고 엘렌이랑 결혼하는지 이해할 수가 없어.

W : Pipe down! Suzanne went off to study in France, remember?
조용히 해. 수잔은 프랑스로 유학 갔잖아, 기억 안나?

M : So Mark figured Suzanne was out of the picture and met Ellen?
그래서 수잔하고 끝났다고 생각하고 엘렌을 만난 거라구?

W : To that question, I can only say my lips are sealed.
그 질문에 대해선 난 아무 말도 할 수 없어.

▶More tips

Mum' s the word. 비밀이에요.

I can' t believe it. 못 믿겠어요.

기타

Please find someone who speaks Korean.
한국말을 할줄 아는 사람 좀 소개해 주십시오.

Could you show me the Central Park on this map?
이 지도에서 센트럴 공원을 알려 주시겠어요?

Can I have a city map?
시내 지도 한 장 주시겠습니까?

I' d like to know if I can hire an interpreter.
통역 요원을 채용할 수 있는지요.

I' d like to know if I can hire a interpreter for a day?
하루 동안 통역 요원을 채용할 수 있는지 알고 싶습니다.

불편사항을 의뢰할 때

Maintenance Department. May I help you?
　시설관리입니다. 뭘 도와 드릴까요?

Yes. I don’ t have any hot water in the shower.
　네. 샤워에서 온수가 안 나옵니다.

Oh, we’ re sorry. We’ ll take care of it right away.
　아, 죄송합니다. 즉시 조치해 드리겠습니다.

What’ s your room number?
　객실은 몇 호실입니까?

객실 내부 문제

Excuse me. I’ m staying in room 777,
　실례합니다. 777호실에 투숙하고 있는데요.

and air-conditioning can’ t be turned on.
　에어컨이 켜지지 않습니다.

I’ m very sorry. We’ ll have it fixed right away.
　정말 죄송합니다. 즉시 고쳐드리겠습니다.

I have problem with my room.
　방에 문제가 있습니다.

The room is too hot.
방이 너무 덥습니다.

How can I control the room temperature?
방 온도를 어떻게 조절합니까?

I don' t have enough towels in my room.
방에 타올이 부족합니다.

I' d like to have a fresh set of bath towels.
새 목욕 수건 한세트가 필요합니다.

I don' t have any hot water.
온수가 안 나옵니다.

The TV is out of order.
텔레비전이 고장 났습니다.

The bathroom drain doesn' t work.
욕실 배수관이 고장 났습니다.

The drain is clogged.
하수구가 막혔습니다.

The toilet doesn' t flush.
화장실 물이 나오지 않습니다.

I still haven' t got what I asked for.
제가 부탁한 게 아직 안 왔습니다.

도난 분실

Somebody took my suitcase from the counter.
누군가 카운터에 둔 내 가방을 가지고 가버렸습니다.

My bag is stolen and my valuables were in it.
가방을 도둑 맞았는데, 그 안에는 귀중품이 많이 들어 있습니다.

A burglar broke into my room while I was out.
외출한 동안에 제 방에 강도가 들었습니다.

My camera which I placed on the bed is gone.
침대 위에 둔 카메라가 없어졌습니다.

ꔷ기타

The door locked by itself.
문이 저절로 잠겨버렸습니다.

Could you open the door for me?
문을 좀 열어 주시겠습니까?

I' m locked out of the room.
열쇠를 방에다 놓고 문을 잠가 버렸습니다.

I lost the key to my room.
방 열쇠를 잃어버렸습니다.

ꔷ국제 전화를 걸 때

Operator. May I help you?
교환입니다. 뭘 도와 드릴까요?

I' d like to make an international call to Seoul.
한국 서울로 국제 전화를 하고 싶습니다.

Make it a collect call, please.
콜렉트 콜로 해 주세요.

What' s the phone number, please?
전화번호가 몇 번입니까?

I have to kick the habit. 난 그 버릇을 고쳐야 해요.

주요 표현의 kick the habit은 말 그대로 습관을 차다 즉, '나쁜 습관을 고치다' 라는 의미입니다. 대화 중의 buy the farm은 '죽다', shake는 get rid of와 같이 병이나 문제 등을 '없애다, 제거하다' 라는 뜻입니다.

W : Michael, do you still have that awful cough? Why can't you shake it?
마이클, 아직도 그 지독한 기침을 달고 다녀요? 왜 그렇게 안 낫죠?

M : I think it's because of my smoking. I really have to kick the habit.
담배를 피워서 그런가 봐요. 정말 담배를 끊어야 하는데.

W : That's true. The last thing you want to do is buy the farm at an early age.
그래요. 그러다 젊은 나이에 죽을 수도 있다구요.

M : I want you to keep me in line, in case you see me smoking again.
다음부터 내가 담배 피우는 거 보면 당신이 좀 말려줘요.

▶More tips

I really have to stop the habit.
난 정말 그 버릇을 고쳐야 해요.

I want you to make me follow the rules.
내가 규칙을 잘 지키게 당신이 도와줘요.

It's 02-797-6595.
번호가 02-797-6595입니다.

Who would you like to talk to?
누구에게 전화하시겠습니까?

To Mr. Song, please.
미스터 송입니다.

Your name and phone number, please.
선생님의 성함과 전화번호는요?

My name is Rock Soh. The number is 723-431-2745.
제 이름은 락 서이고, 전화번호는 723-432-2745입니다.

전화 신청

I want to place a call to Korea.
한국에 국제 전화를 신청하려고 합니다.

I' d like to call Seoul, Korea on Monday at 10:00 a.m. Seoul time.
서울 시간으로 월요일 오전 10시에 통화를 하고 싶습니다.

Can I book for a special time.
특정 시간에 예약을 할 수 있습니까?

통화 방법

Please make it station-to-station call.
(상대)번호 통화로 해 주세요.

I want to make a person-to-person call.
지명 통화를 신청하고자 합니다.

통화 상대를 물을 때

Could you give me the country and city you wish to call?
전화 거시려는 나라와 도시 이름을 알려 주시겠습니까?

What number are you trying to dial?
몇 번에 통화하시려고 합니까?

What city in the U.S. are you calling, sir?
미국 어느 도시에 거시는 거죠?

May I have the number in Seoul, please?
서울 전화번호를 알려 주세요.

What country are you calling?
어디로(어느 나라로) 거실 겁니까?

Where would you like to call to, sir?
어디로 거실 겁니까?

May I have the name and number of the person you wish to call?
통화하고 싶은 사람의 이름과 전화번호를 말씀해 주시겠습니까?

신청자의 전화번호를 물을 때

What number are you calling from, sir?
전화 거시는 분의 전화번호는 몇 번입니까?

What' s your number, please?
당신의 전화번호는 몇 번입니까?

통화 중에 전화가 끊어졌을 때

I was cut off during my call to New York.
뉴욕과 통화 중에 전화가 끊어졌어요.

Call them again for me.
다시 연결해 주세요.

Please try the number again.
다시 연결해 주세요.

전화 용어(Telephone Terminology)

switchboard : 교환대
ringing tone : 호출음
telephone directory : 전화번호부
area code : 시외국번
called part : 대화자
night call : 야간통화
duration of call : 통화시간
called number : 대화자 번호
calling office : 발신국
information board : 안내대
busy tone : 통화중음
dial tone : 발신음
local office number : 시내국번
extension number : 구내전화
service call : 무료통화
calling number : 청구자 번호
intermediate office : 중계국
called office : 착신국

We were disconnected. Place the call again, please.
전화가 끊어졌습니다. 다시 연결해 주세요.

교환원이 연결해 줄 때

기다리라고 할 때

Please hang up and wait.
전화를 끊고 기다려 주세요.

I think I can get your call right through.
곧 연결시켜 드릴 수 있을 겁니다.

Your call won' t take but a minute.
금방 연결 될 겁니다.

수신자가 연결 됐을 때

I have your party.
상대방이 나왔습니다.

Mr. Brown' s on the line.
브라운씨가 나와 있습니다.

You' re on the air, make your point.
연결되었으니 말씀하세요.

Your party is on the line. Go ahead, please.
상대방이 나왔습니다. 말씀하세요.

연결을 시도하고 있을 때

We' re working on it.
부르고 있는 중입니다.

I' m calling your number now.
신호를 보내고 있는 중입니다.

We' re trying to reach Seoul.
서울을 연결하고 있는 중입니다.

연결이 안 될 때

We' re having difficulty in calling to Seoul. will you hold?
서울 통화에 큰 어려움이 있어서 그러니까, 기다려 주시겠어요?

It' s ringing but no one answer.
신호는 가고 있는데 전화를 안 받습니다.

I' m sorry. Your party doesn' t answer.
죄송합니다. 상대 쪽에서 전화를 안 받습니다.

다시 연결 해 달라고 할 때

Please let it ring a little longer. He' s a heavy sleeper.
　신호를 좀 더 길게 보내주세요. 그 사람은 잠귀가 어둡거든요.

Try this number, 703-6547.
　703-6547로 연결해 봐 주세요.

Will you try another number, 703-6541?
　다른 번호, 703-6541로 연결해 봐 주세요.

Can I give you another number?
　다른 번호를 하나 더 드리면 안 될까요?

요금에 대한 표현

전화 신청자

From what time does the special rate apply?
　몇 시부터 특별 요금이 적용됩니까?

When is it cheaper to call?
　언제 전화를 거는 것이 요금이 더 쌉니까?

When is it cheapest to call?
　전화 요금이 가장 싼 시간이 언제입니까?

Could you tell me the time and charges after this call?
　통화가 끝나면 통화 시간과 요금을 알려 주시겠습니까?

국제 전화 통화 방법

Station call(번호 통화) : 상대국의 전화번호만을 신청하는 방법으로 비교적 요금이 싸다.

Personal call(지명 통화) : 통화할 상대를 지정해서 신청하는 방법이며, 통화 대상이 부재 시에는 요금을 물지 않는다.

Collect call(수신자 부담 전화) : 전화 요금을 수신자가 부담하는 통화

ISD(International Subscriber Dialing 국제 다이얼 통화) : 교환을 거치지 않고 직접 통화하는 방법

Is there a discount during off-hours?
통화가 많지 않는 시간에는 할인됩니까?

교환

Are you paying for the call?
요금은 거시는 분이 냅니까?

It changes with the type of call.
요금은 거시는 전화의 종류에 따라 다릅니다.

신청한 전화를 취소할 때

Thank you so much, but please cancel the call.
고맙습니다. 취소해 주십시오.

I' d like to cancel the call I just made.
방금 신청한 전화를 취소하려고 합니다.

Please cancel the call.
취소해 주십시오.

It' s ringing. Do you still want to cancel?
지금 신호가 가고 있는데도 취소하시겠어요?

ঌ기타

신청한 전화가 소식이 없을 때

I' d like to find out about the call I made before.
신청한 전화가 안 나와서 어떻게 됐나 확인하려고 전화드렸습니다.

How long will it be (before I get through)?
연결이 되려면 얼마나 걸릴까요?

How much time will it take (to get through)?
연결이 되려면 얼마나 걸릴까요?

전화 걸기에 적합한 시간을 물을 때

When is the least busiest time to make an overseas call?
국제 전화를 걸기에 가장 붐비지 않는 시간이 언제입니까?

What' s the best time to make an overseas call to Korea?
한국에 국제 전화를 걸려면 몇 시가 제일 좋은가요?

전화 사용

Can I call overseas directly from this phone?
이 전화기로 직접 국제 전화를 할 수 있습니까?

Can I make an overseas call directly from this phone?
이 전화기로 직접 국제 전화를 할 수 있습니까?

Do I need operator' s assistance, or can I call direct from this phone?
이 전화는 교환을 통해야 합니까? 아니면 직접 걸 수 있습니까?

ঌCheck-out

Good morning. Can I help you?
안녕하세요? 무엇을 도와드릴까요?

Yes. I' m Ralph Baker in room 2575.
네. 객실 3575호실의 랠프 베이커입니다.

I' m checking out today.
나는 오늘 체크 아웃할 예정입니다.

Will you make out my bill?
계산서를 확인해 주시겠어요?

Wait a minute, please. Your total bill stands at 350,000 won.
잠시 기다려 주세요. 손님의 계산 합계는 350,000원 입니다.

Will you take a credit card?
신용 카드를 받으십니까?

Yes, we accept such major cards as Visa and Master card etc.
네, 비자 카드 라든가 마스터 카드를 받습니다.

My stay in your hotel has been very pleasant.
투숙 기간동안 즐거웠습니다.

Thank you. I hope you' ll come again.
고맙습니다. 다시 찾아주시기 바랍니다.

May I help you, sir?
도와드릴 일이 있겠습니까?

Yes. I' d like to keep the room this afternoon, if possible.
네. 가능하다면 오후까지 머물고 싶습니다.

If you want to keep your room until this afternoon, we' ll have to charge you 50% of the price.
손님께서 오후까지 머무시고 싶다면, 방 값이 50% 추가 가산됩니다.

That' s okay. Can I leave my luggage somewhere until 5?
네, 좋습니다. 5시까지 내 가방은 어디에 둘 수 있을까요?

Please ask the bell desk and they' ll be glad to take care of you.
벨 데스크에 요청하시면 그들이 손님의 짐을 돌봐 드릴 것입니다.

체크 아웃할 때

I' d like to check out. How much is the charge?
체크 아웃을 하고 싶습니다. 숙박 요금이 얼마지요?

What' s your name and your room number?
성함과 방 번호가 어떻게 됩니까?

I' m Rock Soh and the room number is 735.
이름은 락 서이고, 방 번호는 735호실입니다.

Wait minute, sir. Your bill comes to $150 including the tax and service charge.

잠깐만요. 세금과 서비스 요금을 포함해서 150달러입니다.

Can I pay you with a traveler' s check?

여행자 수표로 지불해도 되나요?

That' ll be okay.

물론입니다.

It' s been a very pleasant stay.

무척 즐겁게 보냈습니다.

Thank you for staying with us. I hope you' ll come again.

투숙해 주셔서 감사합니다. 또 들러 주세요.

I' ll try. Good bye.

그렇게 하도록 해 보겠습니다. 안녕히 계세요.

Can I help you, sir?

무엇을 도와드릴까요?

Yes. Will you send someone to take my luggage to the front?

네. 내 수화물을 후론트로 옮기는데 도움을 줄 종사원을 보내 주시겠어요?

I' m going to check out at 11:30.

11시 반에 퇴숙하려 합니다.

Will you call me a taxi?
택시 한대 불러 주실래요?

I have to arrive at the airport by 12:30.
내가 12시 반까지 공항에 도착해야 합니다.

I' d better hurry.
나는 서둘러야 합니다.

체크 아웃하려고 할 때

I guess you' re leaving today.
고객님이 오늘 출숙하시는 걸로 알고 있는데요.

Yes, I' m going to take the flight at Incheon international air port at 5 o' clock.
네, 나는 새벽 5시 인천 공항 출발 여객기를 탑승할 예정입니다.

I have two suitcases and a small bag in the room. Could you bring them to me?
내 방에 두 개의 옷 가방과 작은 손가방 한 개가 있습니다. 내게 가져다주시겠어요?

Yes, sir. I' ll get your baggage right away.
네. 손님의 가방을 곧 가져오겠습니다.

Check out, please.
체크 아웃을 하려고 합니다.

I' m checking out. I' d like my bill.
퇴숙 하려고 합니다. 계산서 좀 주세요.

I' m checking out. Please make out my bill.
퇴숙 하려고 합니다. 계산서를 좀 작성해 주세요.

Please send up a porter to my room.
포터 한 사람 제 방으로 올려 보내 주세요.

Please get me a porter.
포터 한 사람 보내 주세요.

≫계산을 할 때

I' d like to take care of my bill.
계산서를 부탁합니다.

Cash or credit card?
현금으로 하시겠습니까? 카드로 하시겠습니까?

I' d like to pay for that with my credit card.
신용 카드로 지불하겠습니다.

Will you be using a credit card?
신용 카드를 이용하시겠습니까?

Do you take personal checks?
개인 수표를 받습니까?

Is Master card alright?
마스터 카드는 됩니까?

We don' t take personal checks, but we take credit cards.
개인 수표는 안 받지만 신용 카드는 받습니다.

Please sign here.
여기 사인해 주세요.

Front-Cashier

May I help you, sir?
무엇을 도와드릴까요?

Yes. I' d like to change U.S. dollars into Korean money.
네. 나는 미국 화폐를 한국 화폐로 환전하고 싶습니다.

What' s the rate today?
오늘의 환율은 얼마입니까?

Today' s exchange rate is 1,005 won for one dollar.
오늘 환율은 1 달러에 한화 1,005원입니다.

How much do you want to change?
얼마나 바꾸고자 합니까?

One hundred dollars.
100 달러입니다.

How do you want it, sir?
어떻게 바꾸기를 원하십니까?

I need all ten-thousand won notes.
모두 일만 원 권으로 주세요.

May I help you ma' am?
부인, 무엇을 도와드릴까요?

I' d like to cash this check into Korean won.
이 수표를 한국 원(화폐)으로 바꾸고 싶습니다.

Just a second, ma' am. Today' s exchange rate is 1,005 won for 1 U.S dollar.
잠깐만요. 오늘의 달러 환율은 한국 화폐로 1,005원입니다.

How much would you like to change, ma' am?
얼마나 바꾸고 싶어 합니까?

Please give me change for 350 dollar.
350달러를 바꿔주세요.

Would you fill out this form and show me your passport, please?
이 서식을 작성해 주시고, 손님의 패스포트를 보여 주십시오.

I' m going back to my country. But I still have Korean currency left.

이제 우리나라로 돌아가려 합니다. 그런데 한국 화폐가 아직 남았거든요.

You still have a lot of money.

아직 한국 화폐를 많이 가지고 계신다구요.

Yes, so I' d like to change it for dollars.

네, 그래서 달러로 바꾸고 싶어요.

I' m sorry, but we can' t handle it here.

죄송하지만, 여기서는 환전이 안 됩니다.

Can I have my bill? Richard Stevenson from room 3585.

계산서 주시겠어요? 객실 3585호실에 투숙 중인 리처드 스티븐슨입니다.

Here you are. It comes to 350 dollars altogether, sir.

계산서 여기 있습니다. 모두 합쳐서 350 달러입니다.

There must be some mistake. I stayed here only one night.

뭐 잘못된 것 같네요. 나는 여기서 하룻밤만 묵었습니다.

Yes, but you used other facilities in our hotel, sir.

네, 그런데 손님께서 우리 호텔 내의 다른 영업장을 이용하셨습니다.

Room Reservation in English

계산방식 구분

in cash : 현금으로	by credit card : 신용카드로
in advance : 선금으로	by traveler' s check : 여행자 수표로
by personal check : 개인 수표로	American Currency : 미국 화폐로

Still, it sounds kind of high to me.
그렇지만 금액이 많습니다.

Would you mind going through the bill item by item?
계산서 내용 하나하나씩을 확인해 봐 주시겠어요?

계산이 틀릴 때

What is this charge for?
이 요금은 뭐죠?

This charge is wrong.
청구액이 틀립니다.

You charged a wrong amount.
청구액이 틀립니다.

I didn' t make an overseas call, but it' s on the bill.
저는 국제 전화를 걸지 않았는데, 청구서에는 들어 있습니다.

I didn' t get any room service.
저는 룸 서비스를 받지 않았습니다.

This is a bill for 707. My room is 777.
이건 707호실 청구서군요. 저는 777호실입니다.

Does the price include the service charge?
봉사료가 포함된 가격인가요?

셀 수 있는 명사 셀 수 없는 명사

with count nouns	with non-count nouns
a great many	a great deal of
many	much
a large number of	a large amount of
an average number of	a moderate amount of
a few	a little
few	a little
doesn' t have many	doesn' t have much

체류 기간 변경

Could I extend my stay for another night?
하루 밤 더 연장할 수 있을까요?

I' m sorry, but we' re fully booked through the 13th.
죄송하지만 13일까지는 방이 다 찼습니다.

Could I stay one more night in my room?
하루 밤 더 연장할 수 있을까요?

I' d like to stay a day longer.
하루를 더 묵고 싶습니다.

기간 · 수량 등과 관련 있는 회화 문장

How many nights do you want to stay?
며칠 밤 묵으시겠습니까?

How long do you plan to stay?
얼마나 오래 투숙하시겠습니까?

A room with air-conditioning : 냉방 시설이 딸린 객실

A room with a good view of downtown Seoul : 서울 시가지의 좋은 경치를 볼 수 있는 객실

A room with a nice view of the city : 도시의 좋은 경치를 볼 수 있는 객실

I want to leave a day earlier.

하루 일찍 나가고 싶습니다.

체크 아웃 시간 연장

Could you give an extra hours to check out?

체크 아웃 시간을 좀 연장해 줄 수 있나요?

Is there any possibility of an extended check-out time?

체크 아웃 시간을 좀 연장해 줄 수 있나요?

Excuse me. Sorry to bother you, but I wonder if you can do me a favor.

실례합니다. 귀찮게 해서 미안합니다만, 부탁 하나 들어주시겠어요?

Sure if I can.

물론이죠. 들어 줄 수만 있다면요.

My flight doesn' t leave until five o' clock this afternoon.

제가 타야할 비행기가 오늘 오후 다섯 시가 되어서야 출발합니다.

Is there any chance of extending check-out time for me?

체크 아웃 시간을 연장할 수 있을까요?

We' re very busy today, but I can give you two extra hours. Will that help?

오늘 무척 붐비긴 하지만 2시간 더 드릴 수 있습니다. 그러면 되겠습니까?

That' s big help. Thank you very much.

크게 도움이 됩니다. 고맙습니다.

기타

Put it on my hotel bill, please.

그걸 호텔 숙박비에 포함시켜 놓으세요.

Add it to my hotel bill, please.

그걸 호텔 계산서에 포함시켜 놓으세요.

I hope you enjoy your stay in our hotel.

저희 호텔에서 즐겁게 묵어가시길 바랍니다.

We hope you enjoyed your stay with us.

이곳에 투숙하시는 동안 즐거우셨기를 바랍니다.

투숙객을 확인 할 때

Front Desk. May I help you?

후론트 데스크입니다. 뭘 도와드릴까요?

Yes. Would you check and see if a Mr. Taylor is registered with your hotel?

테일러씨가 그 호텔에 투숙했는지 확인해 주시겠습니까?

Hold on, please. let me check. Oh, yes, he is. But he' s out at the moment. Would you leave a message?

잠깐만 기다려 주십시오. 확인해 보겠습니다. 아, 알았습니다. 그런데 지금은 외출하셨습니다. 전하실 말씀이 있으신가요?

Yes. Would you have him call me at 723-5023 when he gets back.

그분이 들어오면 723-5023으로 전화해 달라고 해 주세요.

Sure, sir. I' d be glad to. And your name is?

알겠습니다. 그렇게 하겠습니다. 성함은요?

I' m mr. Lee. thank you.
미스터 리입니다. 감사합니다.

Could you connect me to Mr. Taylor' s room?
테일러씨의 방 좀 연결해 주시겠습니까?

Could you please check and see if Mr. Taylor has checked out?
테일러씨가 그 호텔에서 나갔는지 알아봐 주시겠습니까?

Do you have a Mr. Taylor registered there?
투숙객 중에 테일러씨라는 분이 있습니까?

He made a reservation for today, but he hasn' t checked in.
오늘 날짜로 예약하셨는데, 아직 투숙하지 않았습니다.

Business Service

Good Morning. Can I help you?
좋은 아침입니다. 무엇을 도와드릴까요?

Yes. Could you fax this for me?
네. 이것을 팩스로 보내주시겠어요.

Four pages, to New York, 1-320-275-5785.
4 페이지 분량, 뉴욕, 1-320-275-5785로 송부합니다.

That' s right. Would you charge it to my room?
네. 내 방값에 포함시키세요.

Would you tell me your name and your room number, please?
손님의 이름과 방 번호를 알려주시겠습니까?

Robert Williston, 3785.
이름은 로버트 윌리스턴이고 방은 3785호입니다.

And we need your signature here, sir.
여기 손님의 서명이 필요합니다.

Here you are.
네, 여기 있습니다.

Can you mail these for me?
이것 좀 우송해 주시겠어요?

날씨 · 수량 · 도구 · 인체 등의 측정 용어

air pressure : 기압
temperature : 온도
Width : 폭 · 넓이
wind direction : 풍향
depth : 깊이
hurricanes : (하절기)대 폭풍 · 허리케인
earthquake : 지진
longitude : 경도
altitude : 고도 · 높이
direction : 방향 · 방위
breathing : 호흡 · 숨쉬기
brain : 두뇌
light : 빛 · 광선
hearing : 듣기 · 청력
age : 나이
scale : 저울

weight : 무게
length : 길이
breadth : 넓이 · 폭
rainfall : 강우량
humidity : 습기 · 습도
distance : 거리
speed : 속도
latitude : 위도 · 범위
elevation : 해발 · 고도
angle : 각도 · 각
heart : 심장
lungs : 폐 · 허파
vision : 전망
barometer : 기압계
hygrometer : 습도계
thermometer : 온도계

Sure. Where to sir?
물론입니다. 어디로 보내십니까?

One to Korea and the other one to the United States, please.
우편물 한 개는 한국으로, 다른 한 개는 미국으로 보내주세요.

The international post card rate is 60 cents to Korea and 90 cents to the United States. That' s one dollar fifty cents.
국제 우편 엽서는 한국이 60센트이고, 미국은 90센트입니다. 합계가 1달러 50센트 입니다.

Here' s 2 dollars and keep the change.
여기 2달러입니다. 잔돈은 가지세요.

기타

Would you like to take the stairs or take the elevator?
계단을 이용할까요, 아니면 엘리베이터를 타고 갈까요?

I need some exercise.
운동 좀 해야겠어요.

What floor are we on?
여기가 몇 층이죠?

Could you push 5 for me, please?
5층 좀 눌러 주시겠어요?

Please step inside.
안으로 좀 들어가 주십시오.

Where are you going?
몇 층에 가십니까?

Are you going up?
올라가실 겁니까?

Next car, please.
다음 엘리베이터를 타세요.

Wait. Hold the elevator.
잠깐요. 엘리베이터를 좀 잡아 주세요.

Here you go.
자 탑시다.

Which floor do you want?
몇 층을 원하세요?

Use the elevator and go to the third floor.
엘리베이터를 이용하셔서 3층까지 가세요.

Turn left when you get off the elevator.
엘리베이터에서 내려서 좌측으로 가십시오.

Take elevator 2 and get off on the 10th floor.
2번 엘리베이터를 타셔서 10층에서 내리세요.

Please step to the rear of the car.

승강기 뒤 쪽으로 물러서 주십시오.

This elevator stops only on the third and the sixth floors.

이 엘리베이터는 3층과 6층에서만 섭니다.

This doesn' t stop on the third floor.

이 엘리베이터는 3층에서는 서지 않습니다.

It' s an express to the fifth floor.

5층까지는 논 스톱입니다.

This elevator doesn' t stop below the sixth floor.

이 엘리베이터는 6층 이하에서는 서지 않습니다.

You' ll have to take the stairs.

계단을 이용하셔야 합니다.

Sorry, the power is out.

미안합니다. 정전입니다.

The elevator is being repaired.

엘리베이터가 수리중입니다.

This elevator can not take more than twelve persons.

이 엘리베이터에는 12명 이상은 탈 수 없어요.

This building has no elevator.

이 건물에는 엘리베이터가 없어요.

기타

Where are you staying?
어디서 묵고 계십니까?

Do you have a place to stay tonight?
오늘 밤 묵을 곳이 있습니까?

The hotel is well accommodated.
그 호텔은 설비가 잘 돼 있어요.

I' ll be staying at the Grand Hyatt Hotel.
그랜드 하얏트 호텔에서 묵을 겁니다.

My key, please. room 208.
제 방(208호실) 열쇠 주세요.

Don' t disturb.
깨우지 말 것(시끄럽게 하지 말 것)

Any message for me, room 208?
208호실 저한테 메시지 온 것 없습니까?

상점과 사회 봉사기관

store : 상점
book store : 서점
florist : 꽃장수
drug store : 약방
sporting goods : 스포츠 용품
furniture store : 가구점
grocery store : 식료품점
supermarket : 슈퍼마켓
library : 도서관
elementary school : 초등학교
high school : 고등학교
university : 종합대학
bus stop : 버스정류장
YWCA : 기독교 여자 청년회
Fire Department : 소방서
medical center : 의료센터
restaurant : 식당
Shoe repair shop : 구두 수선점
bakery shop : 제과점
camera shop : 카메라 전문점
flower shop : 꽃 가게
gift shop : 선물가게
women' s store : 여성 전문용품점
laundry : 세탁소
hardware store : 철물점
gas station(filling station) : 주유소
bank : 은행
middle school : 중학교
college : 단과대학
parking lot : 주차장
YMCA : 기독교 청년회
post office : 우체국
hospital : 병원
police station : 경찰서
Temple : 사원 · 절
theater : 극장
salvation Army : (기독교 종파의 하나)구세군

c·h·a·p·t·e·r

4 식당 서비스 업무 응대 예문
Restaurant Service

우리는 필요에 따라 간단히 식사만을 즐기는 것 보다 요즘은 맛 거리를 찾아 웰빙 먹거리를 융숭하게 대접받기를 바라는 고객이 대부분이므로 맛, 위생, 분위기, 주문방식, 친절 이상의 편리함과 Hospitality를 기대하는 고객이 점차 많아지고 있다.

식당 안내 담당 · Restaurant Receptionist

Good afternoon. May I help you?
 안녕하세요? 뭘 도와드릴까요?

Yes, I' d like to reserve a table for this evening.
 네, 오늘 저녁에 테이블 한 개를 예약하고 싶어요.

All right, sir, may I have your name?
 네, 고객님의 이름을 알려주세요.

Ralph Cummins.

랠프 커밍스라고 합니다.

Very well, Mr. Cummins, what time should we expect you?

좋습니다. 커밍스씨, 몇 시에 오실 예정이십니까?

We' ll be there at around 6:30.

우리가 6시 30분에 그곳에 도착할 것입니다.

How many are there in your party?

손님은 몇 명이나 되십니까?

There are five of us, altogether.

우리 일행은 모두 다섯 명입니다.

All right. We' ll reserve a table for five this evening at 6:30.

고맙습니다. 오늘 저녁 6시30분에 한 테이블을 예약해 두겠습니다.

Good evening. Can I help you?

안녕하세요? 무엇을 도와드릴까요?

Yes. Do you have a table for four now?

네. 네 명이 이용할 테이블을 원합니다.

Did you make a reservation, sir?

예약을 하셨습니까?

No, we didn' t.

예약하지 않았습니다.

I' m sorry, sir. I' m afraid we don' t have any table at this moment, but we can make a table for you in 30 minutes. Would you wait for it?

죄송하지만, 지금 우리는 빈 식탁이 없습니다. 그러나 30분 이내로 당신을 위해 식탁을 하나 준비해 보겠습니다. 기다리시겠습니까?

OK

좋아요.

You can have a drink in the lounge if you like. We' ll let you know when the table is ready.

괜찮으시다면 라운지에서 음료수 한 잔을 드시고 계세요. 테이블이 만들어지면 즉시 알려드리겠습니다.

Thank you for your kindness.
 친절하게 해 주어서 고맙습니다.

✂식당 주문

Good Morning. May I take your order?
 안녕하세요? 주문하시겠습니까?

Yes, please. I' d like to have an American Breakfast.
 네, 그렇게 할게요. 나는 미국식 조식을 먹겠습니다.

Yes, sir. You can have a choice of grapefruit or tomato juice.
 고맙습니다. 손님께서는 그레이프 쥬스 혹은 토마토 쥬스 중에서 선택할 수 있습니다.

Tomato juice, please.
 토마토 쥬스를 주세요.

How would you like your eggs?
 계란은 어떻게 익혀드릴까요?

Sunny side-up, please.
 서니 사이드 업으로 해 주세요.

Anything to drink?
 다른 마실 것도 원하십니까?

Yes. I' ll have a cup of coffee.
 네, 커피를 마시고 싶습니다.

And you, sir. What would you like?

(다른 손님에게)뭘 드시겠습니까?

I' ll take a Continental Breakfast. Toast with jam, orange juice and coffee, please.

컨티넨탈 조식으로 할게요. 토스트와 잼, 오렌지 쥬스, 그리고 커피로 하고 싶습니다.

Very good, sir.

네, 좋습니다.

I' d like to reserve at your restaurant for our dinner.

우리의 저녁(식사)을 당신의 식당에 예약하고 싶습니다.

May I have your name, sir?

이름을 말씀해 주시겠습니까?

My name is Leslie Gardner.

내 이름은 레스리 가드너라고 합니다.

What time do you have in mind?

몇 시로 예약하시겠습니까?

6:30 this evening.

여섯시 30분으로 하겠습니다.

Thank you. We' ll be expecting you.

감사합니다. 예약 시간에 뵙도록 하겠습니다.

How would you like your steak?

손님의 스테이크는 어떻게 익혀드릴까요?

Rare(Medium, Well-done), please.

약하게 익혀주세요.

What kind of dressing for your salad?

손님의 샐러드에 무슨 드레싱을 곁 드려 드릴까요?

French dressing, please.

후렌치 드레싱을 곁드려 주세요.

I' d like Korean food.

나는 한국 음식을 먹고 싶습니다.

What is your favorite Korean food?

제일 좋아하는 한국 음식이 뭐죠?

Mr. Taylor, would you like to go out for lunch with me? It' s on me.
테일러씨, 나가서 점심 같이 할까요? 제가 사고 싶어요.

I' d love to. Thank you.
그러시죠. 고맙습니다.

Which would you prefer to have Korean or American food?
한국 음식을 드시겠습니까, 양식을 드시겠습니까?

식사 제의

Shall we have lunch together?
우리 점심 식사 같이 할까요?

How about having lunch with me tomorrow?
내일 점심 식사 같이 하시는 게 어때요?

Why don' t you have lunch with me tomorrow?
내일 점심 식사 같이 하시는 게 어때요?

Would you join me for dinner today?
오늘 저녁 식사 같이 하시겠어요?

Would you like to have dinner with me today?
오늘 저녁 식사 같이 하시겠어요?

May I take you to dinner tomorrow?
내일 저녁 식사 같이 하러 가실까요?

Let' s go out for lunch.
점심 식사하러 나갑시다.

I' m just going out to get a bite to eat, would you like some company?
지금 막 뭘 좀 먹으러 나갈 참인데, 같이 가실래요?

Let' s go out for a snack.
뭐 좀 간단히 먹으러 나갑시다.

I ate already.
저는 벌써 먹었는데요.

I feel like something light.
가벼운 걸로 먹고 싶어요.

We' ll have to do lunch sometime.
언제 식사나 같이 합시다.

How would you like to make it a working lunch"?
점심 먹으면서 업무 얘기를 하는 게 어때요?

식사하러 가면서

My treat.
제가 낼게요.

Come on. It' s on me.
자 갑시다. 제가 살게요.

Let me treat you to lunch.
제가 점심을 대접하겠습니다.

I' d like to treat you to lunch.
제가 점심을 대접하겠습니다.

Let me take you to dinner tonight.
오늘 제가 저녁을 사겠습니다.

What' s the occasion?
무슨 명목이죠?

I got paid today. I' ll treat you to a good dinner tonight.
오늘 월급 받았어요. 오늘 저녁 맛있는 저녁 식사 사 드릴게요.

I' d like to treat you to something special.
당신에게 특별히 한턱 내고 싶습니다.

I' ll let you be a big spender next time.
다음에 크게 한턱 내세요.

도시락을 싸가지고 왔을 때

I brought my lunch.
저는 점심을 싸 가지고 왔어요.

I brown-bag it everyday.
저는 매일 점심을 싸 가지고 다녀요.

배달해서 먹을 때

Do you feel like calling out for lunch?
전화로 점심을 시켜 먹을까요?

Let' s have our lunch delivered.
점심을 시켜 먹읍시다.

식당 결정

Do you have any particular restaurant in mind?
특별히 생각해 둔 식당이라도 있습니까?

I heard about a new restaurant around here.
이 근처에 식당이 하나 생겼다고 들었어요.

Have you eaten at the Oriental Garden?
오리엔탈 가든에서 식사해 보신 적 있으세요?

There' s a nice restaurant just across the street.
바로 길 건너편에 괜찮은 식당이 하나 있습니다.

Can you recommend a good place for lunch?
점심 식사할 만한 좋은 식당 하나 추천해 주시겠어요?

What do you want to try? Korean? American?
뭘 드시고 싶으세요? 한국 음식? 서양식?

I can' t stand making decision. You choose.
결정을 못하겠어요. 당신이 결정하세요.

OK. Let' s go Korean Restaurant. Where is the nearest restaurant?
좋아요. 한국 식당으로 갑시다. 가장 가까운 식당이 어디 있어요?

Have you ever tried Korean food?
한국 음식을 드셔 본 적이 있으세요?

What are you having for lunch?
점심으로 뭘 드시겠습니까?

How about trying Naengmyeon this time?
이번엔 냉면을 드셔 보시겠습니까?

Do you feel like Galbitang?
갈비탕을 좋아하세요?

I have a craving for Bulgogi.
불고기를 먹고 싶어 죽겠어요.

식당을 예약할 때

Hello, I' d like to reserve a table for ten at 7:00p.m. tonight.
여보세요. 오늘 밤 7시에 10인석 테이블을 예약하고 싶습니다.

Smoking or non-smoking section?
흡연석입니까, 금연석입니까?

Smoking, please.
흡연석입니다.

May I have your name, please.
성함이 어떻게 되시죠?

Rock Soh.
락 서입니다.

That' s a table for ten, smoking, at 7:00.
7시에 10인 흡연석 예약입니다.

I' m wondering whether we need a reservation for dinner.
저녁 식사를 하려면 예약이 필요한지요?

It would better to make reservations since we usually get a lot of customers in the evening.
대개 저녁에는 손님이 많기 때문에 예약하시는 게 좋을 겁니다.

I' m sorry, but the seats are full at that time.
죄송하지만 그 시간에는 좌석이 만원입니다.

We don' t usually take large parties.
저희는 보통 많은 손님은 받지 않습니다.

We can give you a table after 9:00.
9시 이후에는 자리를 마련해 드릴 수 있습니다.

All right, we' ll be waiting for you at 7:00.
알겠습니다. 7시에 기다리겠습니다.

예약을 취소 할 때

I' d like to cancel my reservation for 7:00 tonight.
오늘 밤 7시 예약을 취소하고 싶습니다.

I' ll cancel your reservation.
선생님께서 예약하신 걸 취소하겠습니다.

I hope you' ll dine with us some other time.
다른 기회에 같이 식사하게 되기를 기대하겠습니다.

기타

We need to make reservations well in advance.
미리 예약을 해 둬야겠어요.

You' ll have to make a booking in advance if you want to go there.
그곳에 가려면 미리 예약을 해야 할 거예요.

I' ll reserve a table for us at the Oriental Garden.
제가 오리엔탈 가든에 자리를 예약해 둘게요.

Reservations are recommended for Saturday evenings there.
거기에서 토요일 저녁식사를 하시려면 예약하는 게 좋습니다.

No reservations are required for the buffet dinner there.
거기에서 뷔페식 저녁식사를 하시는 데는 예약이 필요 없어요.

If you' re planning to dine there, reservations are recommended.
거기에서 식사할 계획이라면, 예약을 해 두세요.

I doubt we can get a table without reservation.
예약을 하지 않으면 테이블을 얻기가 어려울 것입니다.

I think we should make a reservation.
예약을 해 두는 게 좋겠습니다.

식당 입구에서

May I help you? Do you have a reservation?
어서오세요. 예약은 하셨습니까?

No, we don' t, but do you have a table for five available?
예약은 하지 않았지만, 5인석 테이블이 있습니까?

We don' t have one now, but one should be available soon.
지금 당장은 없지만, 곧 (자리가)날 겁니다.

How long will we have to wait?
얼마나 기다려야 합니까?

About 20 minutes. Please wait here for a minute.
20분 정도예요. 여기서 잠깐 기다려 주세요.

I' ll call your name when a table is available.
자리가 나면 손님 성함을 부르겠습니다.

All right.
알겠습니다.

May I have your name, please.
성함이 어떻게 되십니까?

Rock Soh.
락 서입니다.

예약을 재확인할 때

Do you have a reservation?
예약은 하셨습니까?

I have a reservation for Rock Soh.
락 서라는 이름으로 예약을 했습니다.

I have a reservation at 7:00 p.m.
7시로 예약을 하였습니다.

I made a reservation for seven o' clock this evening.
오늘 저녁 7시로 예약을 했습니다.

예약 착오

Could you check the reservation list again?
예약 명단을 다시 한 번 확인해 주시겠습니까?

We don' t have your name on the list.
명단에는 손님의 이름이 없습니다.

Can I talk with your manager?
당신 지배인과 얘기할 수 있을까요?

좌석을 잡을 때

Can we have a table?
자리 있습니까?

Do you have a table for party of five?
5인석 테이블이 있습니까?

Do you have a room large enough for us all?
우리 모두가 함께 앉을 만한 큰 방이 있어요?

일행의 수

How many in your party?
일행이 몇 분이십니까?

We have a party of ten.
저희 일행은 열명입니다.

How many in your group?
일행이 몇 분이십니까?

How large is your party?
일행이 몇 분이십니까?

We need a table for two.
2인용 테이블로 해 주세요.

Make that four, please. We' re expecting 2 more friends.
4인용으로 해 주세요. 친구 2명이 더 올 겁니다.

Are you alone? Are you with someone?
혼자세요? 동행이 있습니까?

Is someone going to join you for lunch?
점심 식사를 함께 하실 분이 또 오시나요?

원하는 자리

Smoking section, please.
흡연석으로 해 주세요.

Non-smoking section, please.
금연석으로 해 주세요.

We' d like to sit by window.
창가에 앉고 싶습니다.

Some place quiet.
조용한 곳이 좋습니다.

Do you have seats by the window?
창쪽에 자리가 있습니까?

일행에게 확인

Shall we sit by the window?
창가에 앉을까요?

Let' s do that, we can catch the breeze.
그러죠, 바람 좀 쐬게요.

좌석이 마음에 안들 때

I' m sorry, but we don' t like this seat.
미안하지만 이 자리가 마음에 안 드네요.

Could we move over there?
저쪽으로 옮길 수 있을까요?

I' d like to move to a quieter room.
좀 더 조용한 방으로 옮기고 싶습니다.

대기할 때

Please have a seat here while you wait.
기다리시는 동안 여기 앉아 계십시오.

How long do we have to wait?
얼마나 기다려야 합니까?

When can we get a table?
언제쯤 자리가 날까요?

Isn' t it our turn yet?

우리 차례가 아직 안 됐습니까?

Excuse me. We' re first.

실례합니다. 우리가 먼저 왔는데요.

I' m afraid there' s nothing available right now.

죄송하지만 지금 당장에는 자리가 없습니다.

Would you like to wait here until your table is ready?

테이블이 준비될 때까지 여기서 기다려 주시겠습니까?

Can you put my name on the list?

명단에 제 이름을 올려 주겠습니까?

I can put you on the waiting list. Waiting time is about 30 minute.

대기자 명단에 올려놓을 수 있습니다. 30분은 기다려야 합니다.

Mr. Park' s party for three. Your table is ready.

박 선생님 세분, 자리가 준비됐습니다.

음식을 주문 할 때

How are you this evening, sir?

안녕하세요?

Fine, thank you.
고맙습니다.

Would you like to order now?
지금 주문하시겠습니까?

Yes, I' d like a T-bone steak.
네, 저는 티 본 스테이크를 주세요.

How would you like your steak done?
어떻게 요리해 드릴까요?

Medium, please.
중간 정도로 익혀 주세요.

Would you like soup or salad with that?
함께 드실 것은 수프로 드릴까요, 샐러드로 드릴까요?

What kind of soup do you have tonight?
오늘 저녁에는 어떤 수프가 있습니까?

Cream of Mushroom.
버섯 수프입니다.

I' ll take it.
그걸로 하겠습니다.

All right. And what would you like, sir?
알겠습니다. 이쪽 손님은 뭘 드시겠습니까?

I' ll have the spaghetti and a salad.
나는 스파게티와 샐러드를 주세요.

What kind of dressing would you like on your salad?
샐러드 드레싱은 뭘로 해 드릴까요?

I' d like oil and vinegar.
오일과 식초를 주세요.

OK. I' ll be back with your soup and salad.
알겠습니다. 수프와 샐러드를 곧 갖다 드리겠습니다.

Thank you.
감사합니다.

종사원이 주문을 받을 때

Are you ready to order now?
주문하실 준비 되셨습니까?

May I take your order, please?
주문하시겠어요?

What will you have?
뭘 드시겠습니까?

What' ll it be?
뭘 드릴까요?

What would you like to have?
뭘 드시겠습니까?

이미 주문했을 때

Did you order?
주문하셨습니까?

Are you being served?
시중을 받고 계신가요?

Have you been waited on?

결정을 못했을 때

Have you decided yet, sir?
결정하셨습니까, 손님?

Could you have a few more minutes, please?
잠시만 기다려 주시겠어요?

I haven' t decided yet.
아직 결정을 못 했습니다.

I haven' t made up my mind yet. Just a moment, please.
아직 결정을 못 했습니다. 잠깐만 기다려 주세요.

We' ll let you know when we' ve decided.

정해지면 알려드릴게요.

Let me catch my breath.
숨 좀 돌리고요.

Do you have company?
또 오실 분이 있습니까?

메뉴 결정

메뉴를 부탁할 때

Can I see the menu, please?
메뉴 좀 볼 수 있을까요?

Here' s our menu, sir.
손님, 메뉴 여기 있습니다.

스페셜 메뉴

What' s the special today? What' s today' s special?
오늘의 특별 요리가 뭐죠?

What' s for lunch?
점심 식사로는 무엇이 있습니까?

What' s good here?
이 식당에서 잘하는 게 뭐죠?

메뉴를 보면서 요리 내용에 대하여 문의

What kind of dish is this?
　　이건 어떤 요리죠?

What' s the different between this and that?
　　이것과 저것은 뭐가 다르죠?

How long does special 'A' take?
　　스페셜 A는 조리하는데 얼마나 걸립니까?

Which dish is quick and easy to prepare?
　　빠르고 쉽게 준비되는 요리가 뭐죠?

What' s the fastest meal I can eat?
　　가장 빨리되는 요리가 뭐죠?

What can be serve quickly ? I have only one hour.
　　빨리 되는 걸로 뭐가 있죠? 한 시간 밖에 시간이 없거든요.

Is this a big dish?
　　이건 양이 많은 가요?

How do I eat this dish?
　　이 요리는 어떻게 먹는 거죠?

Will the dish take a long time to prepare?
　　이 요리는 준비하는데 오래 걸립니까?

It will come right up.
　　금방이면 됩니다.

Can I have it right away?
　　주문한 것이 금방 됩니까?

Could you fix me something light?
　　가벼운 걸로 뭐 없습니까?

What do you specialize in?
　　여기서 특히 잘 하는 음식이 뭐죠?

What' s good on the menu today?
　　오늘 메뉴에 맛있는 게 뭐가 있죠?

I' m afraid the menu is rather limited here.
여긴 메뉴가 별로 없는 것 같군요.

The menu is rather extensive here.
이 곳은 메뉴가 상당히 다양하군요.

What' s the soup of today?
오늘의 수프는 뭐죠?

추천부탁

What do you recommend ?
뭐 좀 추천해 주시겠어요?

What would you recommend?
뭐 좀 추천해 주시겠어요?

일행에게 물어 볼 때

What are you going to have, Mr. Miller?
밀러씨, 뭘 드시겠어요?

I' ll have the spaghetti and a salad.
스파게티와 샐러드를 먹겠어요.

How about you? What are you having?
당신은요? 뭘 드시겠어요?

Spaghetti sounds good, but I like a steak.
스파게티도 좋지만, 저는 스테이크를 먹겠습니다.

I guess we' re ready to order.
주문할 준비가 끝났어요.

What kind of food would you like to have?
어떤 음식을 드시겠습니까?

I' ll have the special if I were you.
저 같으면 스페셜을 먹겠어요.

I had it last time here. It was great.
지난번에 여기서 그걸 먹었는데, 정말 좋았어요.

I really don' t know. Why don' t you order for me?
저는 잘 모르니까, 제 대신 주문해 주세요.

I' ll have what you suggest.
당신이 권하시는 걸로 먹겠습니다.

I' m easy to please. Anything' s OK.
저는 아무거나 괜찮습니다.

What do you suggest I order?
저는 뭘로 주문했으면 좋겠어요?

I' m going to try something new.
오늘은 새로운 걸 먹어보겠어요.

Look at this dish. The price is affordable.
이 요리 좀 보세요. 값이 적당한데요.

Let me do the ordering.
제가 알아서 주문할게요.

What do you say to pizza?
피자 어때요?

I' d rather have some Korean food.
한국 요리를 먹는 게 좋겠어요.

I' ll try both. I' ll select something tasty.
두 가지 다 먹어보죠. 전 맛있는 것을 고르겠어요.

주문할 때

Miss, can you take our order, please?
주문 좀 받아 주시겠어요?

Why don' t you take our order?
주문 좀 받으시죠?

This, please. I' ll have this, please.
이걸로 주세요.

같은 것으로 주문

I' ll have the same.
저도 같은 것으로 하겠습니다.

I' ll have that, too. The same for me.
저도 같은 걸로 하겠습니다.

Make it two, please.
같은 걸로 둘 주세요.

웨이터가 손님에게 필요한 것을 물을 때

Anything else? Do you need anything else?
그 밖에 다른 것 없으신가요?

Will that be all?
그게 전부인가요?

Would you like anything else?
더 필요한 것 있으세요?

주문을 바꿀 때

May I change my order?
주문을 바꿔도 되겠습니까?

아침 식사 주문

Are you ready to order?
주문하시겠습니까?

Yes, a toast, three eggs and coffee, please.
네, 토스트 한 개와 계란 세 개 그리고 커피 주세요.

How would you like your eggs cooked?
계란은 어떻게 요리를 해 드릴까요?

Sunny-side up, please.
한 쪽만 후라이 해 주세요.

All right. Cream and sugar with your coffee.
알겠습니다. 커피에는 크림과 설탕을 넣어 드릴까요?

Yes, please.
네, 그렇게 해 주세요.

✎음료수 주문

What would you like to drink?
음료수는 무엇으로 드시겠습니까?

Do you have any iced tea?
얼음으로 차게 한 차 있습니까?

I' m afraid we don' t.
미안합니다만 없습니다.

I' ll have a lemonade.
그럼 레모네이드로 주세요.

Anything to drink?
마실 것은 무엇으로 하시겠습니까?

Would you like something to drink?
마실 것을 드릴까요?

Would you like more ice?
얼음을 더 드릴까요?

With your meal or after?
커피는 식사와 함께 하시겠습니까, 식후에 드시겠습니까?

What would you like to drink with your meal?
식사하면서 드실 것은 무엇으로 하시겠습니까?

I' d like coffee with my meal, please.
식사와 함께 커피를 주세요.

Can I get you something to drink?
마실 것을 갖다 드릴까요?

I' d like to start with a coffee.
우선 커피부터 마시겠습니다.

My coffee is cold, could you bring me another?
내 커피가 식었는데, 한 잔 더 갖다 주세요.

A cup of coffee, please. Get me a cup of coffee, please.

I' ll have a cup of coffee. Fix me a cup of coffee, please.
커피 한 잔 주세요.

I' d like to have my coffee hot.
커피를 뜨겁게 해서 주세요.

Just some water, please.
물만 좀 주세요.

뷔페식 주문

Would you like the buffet or menu?
뷔페식을 드시겠습니까? 메뉴 보시겠어요?

I' d like buffet.
뷔페식으로 할 것입니다.

스테이크 익히는 정도를 확인할 때

How would you like it?
요리를 어떻게 익혀드릴까요?

I' d like it well-done, please.
잘 익혀 주세요.

샐러드 드레싱 주문

What kind of dressing would you like?
드레싱은 어떤 걸로 드릴까요?

I' d like a shrimp cocktail, please.
새우 칵테일로 주세요.

What would you like for dessert?
디저트를 어떤 걸로 드릴까요?

I' ll have chocolate ice cream, please.
초콜렛 아이스크림으로 주세요.

Would you like for dessert?
디저트를 드시겠습니까?

I' ll order dessert later. I' ll skip the dessert
디저트는 나중에 주문하겠습니다.

I' ll have some ice cream for dessert.
디저트로는 아이스크림을 주세요.

와인 주문

Would you like something to drink before your meal?
식사 전에 마실 것은 무엇으로 하시겠습니까?

May I have the wine list?
와인 메뉴 좀 볼까요?

I want to have a drink before my meal.
식사 전에 술 한 잔 하고 싶은데요.

With the pasta, you might like to try our wine.
파스타 요리와 함께 와인을 한 잔 드셔 보세요.

I' ll try a glass of Fumei Blanc.
퓨메 브랑 한 잔 주세요.

I' ll try a glass of Zinfandel.
진펀델 한 잔 하겠습니다.

Would you like another bottle of wine?

한 병 더 주문하시겠습니까?

Is this a special occasion?

오늘 무슨 특별한 날입니까?

Would you prefer red or white wine with your meal?

식사와 함께 레드 와인을 드시겠습니까, 화이트 와인을 드시겠습니까?

주문 음식이 나온 후

Who ordered the shrimp?

어느 분이 새우를 주문하셨죠?

Whose is the lobster?

가재가 누구의 것입니까?

That' s mine. That' s for me.

그것은 제 것이에요. 제가 주문했어요.

Is everything all right?

모든 게 괜찮은가요?

Enjoy your meal, please.

맛있게 드세요.

How is the food?

음식은 어떻습니까?

식사 시작

Don' t wait for me. Please start.

저를 기다리지 마시고, 먼저 드세요.

Thanks. Do you want to try some of my salad?

고맙습니다. 제 샐러드 좀 드셔 보시겠어요?

It looks really good. Are you sure?

정말 맛있게 보이는군요. 정말 맛있죠?

Sure, I' m sure. Go ahead, help yourself.

네, 정말 그래요. 당신도 어서 드세요.

Great, well, enjoy your meal.
굉장하군요. 식사 맛있게 드세요.

✑음식이 안 나올 때

My order hasn' t come yet.
주문한 음식이 아직 안 나왔습니다.

I didn' t get my order yet.
주문한 음식이 아직 안 나왔습니다.

I don' t have my steak.
스테이크가 아직 안 나왔습니다.

I ordered thirty minutes ago.
30분전에 주문했습니다.

Waiter, how much longer will my order take?
웨이터, 주문한 것이 얼마나 더 걸릴까요?

It' ll take about five more minutes.
약 5분가량 더 걸립니다.

✑주문한 음식이 아닐 때

Excuse me.
실례합니다.

Yes, sir.
네, 손님.

This is not what I ordered.
이건 제가 주문한 거 아닌데요.

Oh, sorry. What did you order?
아, 죄송합니다. 뭘 주문했습니까?

I ordered the shrimp.
새우를 주문했습니다.

All right. I' ll be right back with it.
알겠습니다. 곧 갖다 드릴게요.

I didn' t order this.
이건 주문을 안 했는데요.

Could you take it back, please.
다시 가져가 주시겠어요?

This is not my order.
이건 제가 주문 한 게 아닌데요.

This isn' t what I asked for.
이건 제가 주문 한 게 아닌데요.

I' m afraid you came to the wrong place.
다른 테이블에서 주문한 걸 가지고 오셨군요.

I' m afraid you brought me the wrong order.
다른 테이블에서 주문한 걸 가지고 오셨군요.

음식에 이상이 있을 때

조리 상태가 틀릴 때

I wanted my steak well-done, but I got it medium.
웰던을 시켰는데, 미디엄이 나왔습니다.

I' m afraid this meat is not done enough.
이 고기가 충분히 익지 않았는데요.

I' m afraid this meat isn' t done well.
이 고기가 충분히 익지 않았는데요.

The potatoes are undercooked.
감자가 덜 익었는데요.

The fried fish isn' t cooked completely yet.
생선 튀김이 완전히 익지 않았어요.

Could I have it broiled a little more?
좀 더 구워 주시겠어요?

My coffee got cold.
제 커피가 식었습니다.

불순물이 들어 있을 때

There is a fly in my soup.
수프에 파리가 들어 있어요.

There is something strange in my food.
음식에 이상한 것이 들어 있습니다.

Would you please exchange it?
바꿔 주시겠습니까?

음식이 상했을 때

This milk tastes funny.
이 우유 맛이 이상합니다.

This meat smells.
이 고기가 고약한 냄새가 나요.

This loaf of bread is dried out and as hard as a rock.
이 빵 조각이 말라져서 돌처럼 딱딱해요.

I' m afraid this food is stale.
이 음식이 상한 것 같은데요.

This milk has gone bad.
우유가 맛이 갔는데요.

This apple is rotten.
이 사과가 썩었는데요.

This fish smells bad. I' m afraid it' s spoiled.
이 생선 냄새가 이상합니다. 상한 것 같습니다.

식당에서 필요한 것을 부탁할 때

I' m sorry, I dropped my fork.
미안합니다. 포크를 떨어뜨렸는데.

Could you please bring me another?
다른 것을 갖다 주시겠어요?

Yes, I' ll get you one in a moment.
네, 곧 갖다 드리겠습니다.

웨이터에게

Could I have a refill on my iced tea, please?
아이스 티를 채워 주시겠습니까?

Could I have a little more cheese, please?
치즈 좀 더 주시겠어요?

Could you please clear the table?
식탁 좀 치워주시겠어요?

Wipe the water off the table, please.
테이블 위에 물 좀 닦아주세요.

Would you take the dishes away?
이 접시들 좀 치워 주시겠어요?

May I have more water?
물 좀 더 주시겠어요?

Please warm this milk.
이 우유 좀 데워 주세요.

옆 사람에게

After you with the pepper.
후춧가루 먼저 쓰시고 저에게 주세요.

Would you pass me the pepper, please?
후춧가루 좀 건네주시겠어요?

There are so many knives and forks. I don' t know which to eat with.
나이프와 포크가 정말 많은데, 뭘로 먹어야 할지 모르겠어요.

기타

Ring this bell when you want me.
필요하실 땐 이 벨을 누르세요.

Don' t talk with your mouth full.
입안에 음식을 가득한 채 얘기하지 마라.

Don' t slurp when you eat soup.
수프를 먹을 때 후르륵 소리를 내지 마세요.

I' m sorry. I' m all thumbs today.
죄송합니다. 오늘 실수가 많아서.

That' s all right. Nobody' s perfect.
괜찮습니다. 누구나 완벽할 수는 없는 것이니까요.

She is butterfingers.
그 여자는 물건을 잘 떨어뜨려요.

You should brush up your table manners.
당신은 식사 매너를 다시 배워야겠군요.

I' m sorry. I spilled some water on the table.
미안합니다. 테이블에 물을 엎질러서

Oh, that' s all right. I' ll dry the table.
괜찮아요. 제가 테이블을 닦아드릴게요.

식사에 관한 화제

Is this the place you mentioned?
이곳이 당신이 얘기한 식당인가요?

Yes. They serve delicious chicken.
네, 닭고기를 아주 맛있게 해요.

Are you a regular customer here?
여기 단골이세요?

Yes, I am.
네, 그래요.

How often do you come here?
여기엔 얼마나 자주 오십니까?

I come here about twice a month.
한 달에 두 번 정도 옵니다.

식당

Do you come here often?
여기 자주 오세요?

This restaurant is always crowded.
이 식당은 항상 붐벼요.

I don' t like the atmosphere of this restaurant.
이 식당의 분위기가 마음에 안 들어요.

This restaurant serves good meals and drinks.
이 식당은 음식을 잘 해요.

This restaurant is crawling with Koreans.
이 식당은 한국 사람들로 우글거려요.

I' ve never been here before.
전에 여기 와본 적이 없어요.

This is my first here.
여긴 오늘이 처음이에요.

I often see you here.
여기서 종종 만나는 군요.

The restaurant is overflowing with Koreans.
식당이 한국사람들로 넘치는군요.

I like the atmosphere here.
여기 분위기를 좋아해요.

We can get a good meal for less than ₩5,000 here.
여기서는 5,000원 이하로 좋은 식사를 할 수 있어요.

This place is the most exclusive restaurant in this area.
이 곳이 이 지역에서 가장 고급스런 식당이에요.

This restaurant is crummy.
이 식당은 너무 초라하군요.

How come there are so many people in this restaurant?
이 식당에 왠 사람이 이렇게 많아요?

They do fish very well in this restaurant.
이 식당은 물고기 요리를 잘 해요.

This place has delicious shrimp.
이 집은 새우가 일품이에요.

This is the place to enjoy Korean meals.
한국음식을 제대로 하는 곳은 이곳뿐이에요.

식성(食性)

음식을 안 가리다

I' m not fussy about food.
저는 음식을 별로 가리지 않습니다.

I' m not fastidious about my food.
저는 음식에 까다롭지 않습니다.

I' m not so particular about what I let.
저는 먹는 걸 별로 가리지 않아요.

Don' t mind me. I eat just about everything.
저에게는 신경 쓰지 마세요.

식성이 까다롭다

I' m a picky eater.
저는 식성이 매우 까다로워요.

I' m very finicky about what I eat.
저는 식성이 매우 까다로워요.

맞지 않은 음식

I can' t handle eating oily things any more.
기름진 음식은 더 이상 속에서 받질 않아요.

Whenever I eat ice cream, my face breaks out.
저는 아이스 크림을 먹으면 여드름이 나요.

Pork doesn' t agree with me.
저는 돼지고기를 못 먹어요.

I' m allergic to pork.
저는 돼지고기를 먹으면 알레르기가 생겨요.

This makes me sick.
이걸 먹으면 속이 좋지 않습니다.

This thing disagrees with me.

이걸 먹으면 속이 좋지 않습니다.

This food digests terrible.

이 음식은 소화가 잘 안돼요.

좋아하다

I like hot food.

저는 매운 음식을 좋아합니다.

I have a sweet tooth.

저는 단 것을 좋아합니다.

The hotter, the better.

뜨거울수록 좋아요.

싫어하다

I just don' t like it very much.

이건 별로 좋아하지 않아요.

I' m not crazy about it.

이건 별로 좋아하지 않아요.

I don' t much care for foreign food.

외국 음식은 별로 안 좋아해요.

I don' t like oily food.

나는 기름기 있는 음식을 안 좋아해요.

I hate cold meals.

저는 찬 음식을 싫어합니다.

식욕

Are you hungry? It' s only 5:00 p.m.

배고프세요? 5시 밖에 안 됐어요.

Yes. I haven' t eaten anything all day long.

네. 하루 종일 아무것도 안 먹었거든요.

You must be starved.

몹시 시장하시겠군요.

What do you usually have for lunch?
평소에 점심은 뭘로 드십니까?

Have you ever tried Korean dishes?
한국 음식을 드신 적이 있습니까?

What is your favourite for a quick bite?
시간이 없을 때 주로 무엇을 드세요?

배고프다

I' m hungry. I' m famished.
배가 고파요.

I' m starving now.
배고파 죽겠어요.

I' m so hungry now.
배가 무척 고파요.

My stomach is growling.
뱃속에서 꼬르륵 소리가 나는데요.

I don' t feel full.
배가 부르지 않는 것 같아요.

I' ve been fasting all day.
하루 종일 아무 것도 안 먹었어요.

I skipped lunch today.
오늘 점심을 건너뛰었어요.

I haven' t had a bite since last night.
어젯밤 이후로 아무것도 못 먹었습니다.

배가 부르다

I' m full.
배가 부르다.

I' m stuffed.
배가 부르다.

I don' t have any room for dessert.
배가 불러 디저트가 들어갈 자리가 없어요.

식욕이 없다

I don' t have good appetite these days.
저는 요즘 식욕이 별로 안 좋아요.

I don' t feel like eating.
먹고 싶은 생각이 없어요.

식욕이 왕성하다

I have a great appetite these days.
저는 요즘 식욕이 왕성해요.

Do you always eat so fast?
항상 그렇게 빨리 먹으세요?

It' s one o' clock, and I' m not hungry at all.
1시인데도, 배가 전혀 안 고파요.

Everybody has a good appetite in Autumn.
가을에는 누구나 식욕이 좋아요.

I have a big appetite.
저는 식욕이 왕성해요.

I eat like a horse.
저는 엄청나게 많이 먹어요.

You' re a big eater.
당신은 대식가군요.

I eat a big breakfast.
저는 아침 식사를 많이 해요.

과식

I' m afraid I ate too much.
제가 과식을 했나봐요.

I hope that you don' t eat too much.
너무 많이 먹지 않았으면 해요.

I ate too much pizza.
전 피자를 엄청나게 많이 먹어요.

I downed two hamburgers in two minutes.
햄버거 2개를 2분 동안에 먹어치웠어요.

I ate up a storm at the party yesterday.
어젯밤 파티에서 포식했어요.

기타

I' ve been dieting.
저는 다이어트 중입니다.

I have to go on a diet and lose 3kg.
다이어트 해서 3kg을 줄여야 해요.

I was so hungry that I stuffed myself with two orders of T-bone steak.
너무 배가 고파서 티본 스테이크 2인 분을 먹어 치웠어요.

This will spoil your appetite.
이걸 먹으면 식욕이 없어져요.

A little exercise will give you an appetite.
운동을 좀 하면 입맛이 날 겁니다.

음식 맛

Mmm, this food looks delicious.
음, 이 음식이 맛있어 보이군요.

It sounds delicious.
그거 맛있겠는데요.

This cake is yummy.
이 케이크는 정말 맛있군요.

That smells delicious.
맛있는 냄새가 나는데요.

That sounds appetizing.
먹음직스러울 것 같은데요.

My mouth is watering.
군침이 드는군요.

I can' t stand that smell.
　그 냄새 못 참겠는데요.

It makes my mouth water just to thinking about it.
　그건 생각만 해도 군침이 돌아요.

맛을 물을 때

How does it taste?
　맛이 어떻습니까?

It' s very good.
　아주 맛 있는데요.

What does it taste like?
　맛이 어떻습니까?

How do Korean dishes compare with American dishes?
　미국 음식과 비교해 볼 때, 한국 음식은 어떻습니까?

맛의 종류

salty : 짠　　sour : 신　　sweet : 단
hot : 매운　　mild : 순한　　greasy : 기름기가 많은
bland : 싱거운

맛있다

Hmm-hmm, this is so good.
음, 이거 아주 맛있는데요.

This is the best chicken I' ve eaten in a long time.
이렇게 맛있는 닭고기는 정말 오랜만에 먹어보는데요.

How tasty it is.
정말 맛 있군요.

This food is out of this world.
이 음식은 정말 맛 있군요.

The steaks here are really something.
여기 스테이크 정말 대단한데요.

This cake is rich.
이 케이크는 아주 맛이 좋군요.

This tastes good.
이거 맛있군요.

It' s better than I expected.
생각보다 맛 있군요.

식품 종류

meat : 식용 고기
frozen foods : 냉동식품
soft drinks : 청량음료
fresh fruit : 신선한 과일
canned goods(food) : 통조림 식품
diary products : 낙농업제품
bakery goods : 과자제품
cookies : 쿠키
fresh vegetable : 신선한 야채

berries(장과류)
blueberry : 블루베리
blackberry : 검은 딸기
huckleberry : 허클 베리
loganberry : 로우건베리
mountain berry : 산딸기
mulberry : 오디
raisin : 건포도
raps berry : 나무 딸기
strawberry : 양딸기

This cocktail goes down pretty well.
이 칵테일은 잘 내려가는데요.

Dessert

Are you ready to order dessert now?
지금 데저트를 주문하시겠습니까?

We have regular Cappuccino, Espresso, and caffeine-free coffee?
우리에게는 카푸치노, 에스프레소, 카페인 없는 커피가 있습니다.

Have you decided on your dessert?
후식을 결정했습니까?

We have fruit for dessert as well.
후식으로 과일도 있습니다.

It makes my mouth water. 군침 돌게 하는군요.

맛있는 음식을 보면 자기도 모르게 군침이 돌죠? 이를 영어에서는 make one' s mouth water라고 표현하지요. 대화 중의 jog one' s memory는 …에게 기억을 상기시키다, ask for it은 화를 자초하다, 'be blue in the face' 는 얼굴이 파래질 만큼 '힘이 빠지다' 라는 뜻입니다.

M : Oh, it' s so hard not to order chocolate cake! It makes my mouth water.
오, 초콜릿 케이크를 안 시킬 수가 없네요! 군침 돌아서요.

W : Uh, does a certain New Year' s resolution jog your memory?
어, 새해 각오가 생각나지 않나요?

M : OK, point taken, I guess I asked for it by mentioning dessert.
알았어요, 알았다구요. 공연히 디저트 얘기 꺼냈다가 잔소리만 사서 듣네요.

W : I don' t really want to keep reminding you till I' m blue in the face.
난 정말 당신한테 맨 날 똑같은 소리 반복하기 지겨워요.

▶More tips

It makes me salivate. 군침 돌게 하네요.

Does a certain New Year' s resolution help you recall?
새해 계획이 떠오르지 않나요?

≈맛이 없다

This is not good.
이건 별로 맛이 없군요.

This is tasteless.
이건 별로 맛이 없군요.

This chicken tastes awful.
이 닭고기는 정말 맛이 없군요.

This food is terrible.
이 음식은 형편없군요.

This doesn' t taste as good as it looks.
이건 보기보다 맛이 없군요.

I ate it, but it had no flavor.
그것을 먹기는 먹었지만, 맛이 없었어요.

≈입맛에 안 맞다

This food doesn' t suit my taste.
이건 제 입맛에 안 맞아요.

This smells fishy.
이거 비린내가 나요.

≈기타

This is the first time I' ve eaten Korean food.
이번이 한국 음식을 처음 먹어보는 거예요.

Don' t judge it' s taste by how it looks.
겉보기로 요리 맛을 판단하지 마세요.

Eat food rich in vitamins.
비타민이 풍부한 음식을 드세요.

This meat is stringy.
이 고기 꽤나 질기군요.

This meat is very tender.
　고기가 아주 연하군요.

식사 습관

How often do you eat out?
　외식을 얼마나 자주 하십니까?

About once a month. How about?
　한 달에 한 번합니다. 당신은요?

We eat out every week.
　우리는 매주 외식을 합니다.

What kind of food do you usually have?
　주로 뭘 드십니까?

We have American food.
　양식을 합니다.

We eat out every Saturday.
　저희는 매주 토요일에 외식을 합니다.

기타

What is the typical diet of the American?
　미국인이 보통 먹는 주식은 무엇입니까?

What' s the main food in America?
　미국에서는 주식이 뭐죠?

The Koreans live on rice.
한국인들은 쌀을 주식으로 해요.

Have you ever tried Korean food?
한국음식을 먹어본 적이 있습니까?

Our rice compares to your bread.
우리의 쌀은 당신네들 빵과 같은 거예요.

You have a keen nose.
당신은 코가 예민하시군요.

You have a good sense of smell.
당신은 후각이 좋으시군요.

Seafood 종류

salmon : 연어
eel : 바다 뱀장어
sardines : 정어리
sea bass : 농어
herring : 청어
mackerel : 고등어
tuna : 참치
caviar : 철갑상어 알
carp : 잉어
mackerel : 고등어
anchovy : 멸치
brown seaweed : (갈색 해초)미역
laver : 김, 청태
oyster : 굴
scallop : 스캘가리비
shrimp : 작은 새우

flounder : 가자미
trout : 송어
halibut : 넙치
sole : 혀 가자미
squid : 오징어
octopus : 문어
cuttle fish : 뼈 오징어
cod : 대구
herring : 청어
mussel : 홍합
flatfish : 넙치, 가자미
seaweed : 해초
abalone : 전복
clam : 조개
crab : 게
lobster : 가재

Breakfast에 나오는 음식

▶Breakfast에 나오는 과일

apple : 사과
banana : 바나나
blueberry : 블루베리
cantaloupe : 참외
persimmon : 감
plum : 플럼
raspberry : 나무 딸기
muskmelon : 사향참외
orange : 오렌지
peach : 복숭아
pear : 배
fig : 무화과
dates : 대추
grapefruit : 그레이프후르츠
strawberry : 양딸기

▶Breakfast에 나오는 곡류

corn flakes : 콘 후레이크스
corn meal : 콘 밀
cream of wheat 크림 오프 휘트
shredded wheat : 슈레디드 휘트
oatmeal : 오트 밀
puffed wheat : 퍼프트 휘트
grape nuts : 그레이프 넛

▶Breakfast에 나오는 빵 종류

brown bread : 갈색 빵
hotcake : 핫 케이크
raisin bread : 건포도 빵
rye bread : 호밀 빵
hot roll : 핫 롤
whole wheat bread : 밀가루 빵
pancake : 팬 케이크
buttered toast : 버터 바른 토스트
French fried toast : 후렌치 토스트
waffle : 와플
milk toast : 밀크 토스트

▶Breakfast에 나오는 우유 종류

butter milk : 버터 밀크
power milk : 분유
yogurt : 요구르트
fresh cream : 생크림
skim milk : 탈지유

계란요리 종류

fried egg : 후라이한 계란
sunny side up : 한면만 반숙 후라이한 계란
turned over : 양면을 후라이한 계란   boiled egg : 삶은 계란
poached egg : 수란(껍질을 깨어서 끓는 물에 떨어뜨려 삶는 계란)
scrambled egg : 풀어서 볶은 계란 soft boiled : 흰 자위만 익힌 삶은 계란
overhard : 노란 자위까지 익힌 후라이한 계란
hard boiled : 노란 자위가지 익힌 삶은 계란
over easy : 양쪽 흰 자위를 익힌 후라이한 계란
turnover : 양면으로 후라이한 계란

▶계란 요리와 관련된 회화

How would you like your eggs? 계란은 어떻게 요리해 드릴까요?
How do you want your eggs? 달걀은 어떻게 요리해 드릴까요?
I' d like two fried eggs, please. 저는 후라이한 계란 두 개를 원합니다.

요리에 곁들여 나오는 Vegetables

▶줄기류 야채

asparagus : 아스파라가스
celery : 세러리
bamboo : 죽순

▶꽃 종류 야채

broccoli : 브로콜리
cauliflower : 컬리 푸라워
artichokes : 양 엉커퀴
beet green : 근대
green onion : 양파

▶이상은 잎사귀 야채

cabbage : 양배추
leek : 부추
chicory : 꽃 상치
lettuce : 상치
Chinese cabbage : 배추
parsley : 파슬리
dandelion : 민들레
spinach : 시금치
celery : 셀러리
turnip green : 순무
endive : 꽃 상치

야채의 종류 및 용도

▶일반 야채류

onion : 양파
corn : 옥수수
beets : 사탕 무우
tomatoes : 토마토
bean : 콩
pea : 완두
carrot : 당근

▶일반 Fruits

apple : 사과
apricot : 살구
grape : 포도
plum : 플럼
pear : 배
lemon : 레몬
chestnut : 밤
cherry tree : 벚 나무
prune : 서양자두
coconut : 코코넛
walnut : 호도
mango : 망고
papaya : 파파야
cherry : 뻐지
pineapple : 파인애플
watermelon : 수박
apricot : 살구
cherry : 버찌
watermelon : 수박
raisin : 건포도
tangerine : 귤의 일종
peach : 복숭아

▶요리에 곁드리는 야채류

avocado : 아보카도
corn : 옥수수
cucumber : 오이
eggplant : 가지
green pepper : 사자 고추
lima bean : flak 콩
soy bean : 콩
lettuce : 상치
radish : 무우(샐러드 용)
red pepper : 빨간 고추
parsley : (미나리 종류)파슬리
beet : 사탕 무
asparagus : 아스파라가스
mushroom : 버섯
okra : 오크라
onion : 양파
peas : 완두(콩)
pimento : 피멘토 고추
horse beans : 잠두 콩
aubergine : 가지
endive : 꽃 상치
sesame : 참깨
spinach : 시금치
chinese cabbage : 배추
beet green : 근대의 뿌리
green beans : 강낭 콩

고기의 종류 및 용도

▶Poultry and Meat(가금 및 고기류)

boar : 멧돼지 고기
calf' s liver : 송아지 고기
chicken : 닭고기
duck : 오리 고기
goose : 거위 고기
lamb : 양 새끼 고기
pork : 돼지고기
quail : 메추라기 고기
rabbit : 토끼 고기
turkey : 칠면조 고기
veal : 송아지 고기

▶Steak 종류

Salisbury Steak : 영국의 지방이름이며 Hamburger steak의 일종
Flank Steak : 옆구리 살 고기 요리
Hamburger Steak : 햄버거 스테이크
Minute Steak : 미닛트 스테이크
Rump Steak : 엉덩이 살 고기 요리
Sirloin Steak : 소의 허리 상부의 고기 구이요리
Tenderloin : 안심구이요리
Veal Steak : 송아지 고기
T-bone Steak : 갈비 살 고기 구이
Rib Steak : 갈빗살 고기 요리
Crab : 게
Tuna(fish) : 투나(다랑어)

▶각종 요리의 조리방법

Steak
T-bone steak : 소 등뼈가 붙어 잇는 고기부분의 스테이크
sirloin steak : 소 허리고기 윗부분의 스테이크
round steak : 소 넓적다리 살 스테이크 rib steak : 소갈비구이 요리
rump steak : 소 엉덩이 살 스테이크
flank steak : 소 옆구리 살로 만든 스테이크
tenderloin steak : 부드러운 소 허리고기로 만든 안심 스테이크
filet mignon : 소의 연한 고기를 가느다랗고 예쁘게 잘라 저민 스테이크

기타 조리 방법

fried : 기름에 튀기는 것 grilled : 불에 직접 쐬면서 익혀 굽는 것
boiled : 끓여서 익히는 것
roast : 불에 직접 굽거나 그릇 속에서 볶으며 굽는 것
braised : (고기, 야채)를 넣고 볶은 다음 물을 조금 부어서 천천히 익히는 것
stewed : 조리 그릇에 넣고 묽게 은근하게 천천히 끓여서 요리하는 것

육류 조리 방식의 종류

roast beef : 불 앞에서 쬐면서 굽거나 oven같은 것에 넣고서 볶으며 굽는 쇠고기
minced beef : 쇠고기를 잘게 썰어서 다진 것
pork chop : 고기가 붙어 있는 돼지갈비
cold cuts : 고기를 적당하게 베어 놓고 얼려서 포장해 놓은 고기
raw ham(fresh) : 아직 요리하지 않은 날것의 햄
cooked ham : 요리해 놓은 햄
smoked ham : 훈제된 햄
raw(uncooked) : 날 것(요리되지 않은 상태)
burnt : 조금 태운 상태
rare(under done) : 덜 익은 · 익기전의 상태
medium rare : 완전히 익지 않고 조금 설익은 상태
medium well : (알맞게)익은 상태
well-done : 잘 익은 상태

종교

What religion do you profess?
무슨 종교를 믿습니까?

They are followers of different faiths.
그들은 서로 종교가 달라요.

I' m Christian.
저는 기독교 신자입니다.

I believe in Catholicism.

저는 천주교를 믿습니다.

I profess Buddhism.

저는 불교신자입니다.

스포츠

At the 1984 Los Angeles Olympics, Korea ranked tenth with six gold medals.

1984년 Los Angeles 올림픽에서 한국은 금메달 6개로 10위를 차지했다.

Korea hosted the 1988 Summer Olympic Games in Seoul.

한국은 1988년에 서울에서 하계 올림픽을 개최하였다.

At the 1988 Seoul Olympics Korea ranked fourth in the final gold medal count with 12.

한국은 서울 올림픽에서 최종 금메달 수 12개로 4위를 차지했다.

술을 마실 때

Would you like one more drink?

한 잔 더 하시겠습니까?

Thank you. Just a touch.

감사합니다. 조금만 주세요.

Say when.「상대방에게 술을 따라주면서 술을 따르는 것을 멈춰야 할 때를 말씀 하세요」라는 뜻이다.

술 마실 것을 제의할 때

How about a glass of beer, Mr. Miller?

밀러씨, 맥주 한 잔 어때요?

Rain check, please.

다음에 할게요.

How about having a drink tonight?

오늘 밤 한 잔 하시죠?

Let me buy you a drink.
한 잔 사고 싶은데요.

Would you care for a drink?
술 한 잔 하시겠습니까?

Be my guest tonight, please.
오늘 저녁에는 제가 사겠습니다.

Do you like to drink?
술 마시는 걸 좋아하세요?

What' s your favorite drink?
어떤 술을 좋아하십니까?

How about a drink tonight?
오늘 저녁에 한 잔하는 게 어떻습니까?

Is there a single' s bar around here?
이 근처에 싱글이 주로 가는 술집이 있습니까?

This bar is my hangout.
이 술집이 제 단골 술집입니다.

I' ll buy this round.
이번 잔은 제가 살게요.

I' m ready for a drink.
저는 마실 준비가 되어 있습니다.

Let' s go have drink at my place.
저희 집에 가서 한 잔하시죠.

Are you in the mood for a drink?
한 잔할 생각 없으세요?

Would you like a drink?
한 잔하시겠습니까?

Do you have time for a drink?
한 잔하실 시간 있으세요?

My favorite bar is near here. Would you like to go there?
이 근처에 단골 술집이 있는데, 가시겠습니까?

How about a drink before dinner?
저녁 식사 전에 술 한 잔하는 게 어때요?

술을 주문할 때 · Bartender Service

What do you want to drink?
무엇을 마시겠습니까?

I' ll have a martini.
마티니 한 잔 주세요.

Would you like that straight up or on the rocks?
스트레이트로 하시겠어요? 아니면 온 더 락으로 하시겠어요?

On the rocks, please.
온 더 락으로 주세요.

What will you have?
뭘 마시겠습니까?

A beer, please.
맥주로 할게요.

Draft beer or bottle?
생맥주 아니면 병맥주 어느 것으로 하시겠어요?

I' ll have a glass of draft.
생맥주 한 잔 할게요.

Thanks but I' ll pass.
고맙지만 사양하겠습니다.

What would you like to drink, sir?
무엇을 드시겠습니까?

I' d like a beer.
맥주 한 병 주세요.

Whiskey here, please.
저는 위스키로 주세요.

I' ll have the same.
저도 같은 걸로 하겠습니다.

I' ll try a Martini.
저는 마티니로 하겠습니다.

Do you want to have a beer first?
우선 맥주부터 드실까요?

What snack can you serve right away?
금방 나오는 안주가 뭐죠?

Will you get us two beers?
맥주 두 잔 갖다 주세요.

Another bottle of beer for me, please.
맥주 한 병 더 주세요.

Give me all a refill, please.
술 한 잔씩 더 따라주세요.

Please give us one more.
술 한 잔씩 더 주세요.

On the rocks, please.
얼음을 타서 주세요.

I' m afraid this beer is not cold.
이 맥주는 시원하지 않군요.

Would you mind replacing it with a cold one?
찬 것으로 좀 바꿔 주시겠어요?

What food do you have to go with the wine?
와인 마실 때 안주는 무엇이 있습니까?

The same thing again, please.
한 잔 더 주세요.

Bar-cashier

Can I have the bill, please?
계산서 주세요.

Yes, sir. Here is your bill, sir.
네, 계산서 여기 있습니다.

Where' s cashier' s desk?
케셔 데스크는 어디에 있어요?

Right over there, sir.
저기 오른 쪽입니다.

Can you charge them to my room account? I' m in 2255.
이것을 내 객실료에 합쳐주시겠어요? 객실은 2255호입니다.

술을 권할 때

Will you have some beer?
맥주 좀 드실까요?

Let' s have a drink.
한 잔합시다.

Would you care for a drink?
한 잔하실래요?

Care for a nightcap?
자기 전에 한 잔하실래요?

Would you like something to drink?
뭐 좀 마시겠어요?

Let me freshen your drink?
당신 잔을 더 채워 드리겠습니다.

Let me pour you a glass.
    당신 잔을 더 채워 드리겠습니다.

Would you like another glass of beer?
    맥주 한 잔 더 하시겠습니까?

Everybody, get ready to chug your beer.
    자, 모두들 들이킵시다.

Let me pour you a drink.
    제가 한 잔 따라 드리겠습니다.

Please pour some drinks for your boss.
    과장님께 맥주 좀 따라 드리세요.

Please serve your boss some beer.
    과장님께 맥주 좀 더 따라 드리세요.

술을 사양할 때

Will you have another drink?
    한 잔 더 드시겠어요?

No, thanks. I' m too drunk.
    아니오. 됐습니다. 과음했습니다.

That' s enough.
    그만하면 충분합니다.

술을 받을 때

would you like a refill?
　한 잔 더 드시겠습니까?

I might as well.
　그러죠.

Give me just one more for the road.
　일어서기 전에 딱 한 잔만 주세요.

All right. I' ll try a little.
　좋아요. 조금만 마셔 보겠습니다.

Let' s get drunk.
　취하도록 마셔 봅시다.

This goes very well with wine.
　이게 술 안주에 좋아요.

Have a long drink.
　죽 들이키세요.

Another glass won' t hurt you.
　한 잔 더 해도 탈은 없을 겁니다.

Let' s have a talk over drinks.
　마시면서 얘기 나눕시다.

Let' s go another round.
　2차 갑시다.

건배 제의

단체건배

Let' s toast to our future success. Cheers!
　우리 앞날을 위하여 건배합시다. [둘이서 건배]

Let' s have a toast!
　건배 합시다.

Here' s to you! Cheers!
　당신을 위하여! 위하여.

Happy landing!
행운을 빕니다.

Let' s drink to his success.
그의 성공을 위하여 건배합시다.

I propose a toast to our president' s health.
사장님의 건강을 위하여 축배를 듭시다.

To happiness for all of you.
여러분 모두의 행복을 위하여

To our health.
우리들의 건강을 위하여

Everybody, please pick up your glasses.
여러분들 모두 잔을 드십시오.

Let' s drink to all of these!
이 모든 것을 위하여 건배합시다.

I' d like to offer a toast.
제가 건배를 제의하겠습니다.

OK. Here' s to our health and well-being.
좋아요. 우리의 건강과 행복을 위하여

술맛 · 취향

This beer hits the spot.
이 맥주 맛 끝내 주는데요.

It' s not good to mix different kinds of liquor.
술을 섞어 마시는 건 좋지 않아요.

The liquor leaves a nasty aftertaste.
이 술은 뒷맛이 안 좋아요.

This wine really packs a wallop.
이 포도주 정말 독한데요.

I like strong liquor.
저는 독한 사실을 좋아합니다.

This is good stuff. You should nurse it.
이건 좋은 술이니, 음미하면서 드세요.

There is nothing like a cold beer on a hot day like this.
이렇게 더운 날에는 차가운 맥주보다 더 좋은 게 없어요.

I prefer draft beer.
저는 생맥주가 더 좋아요.

주량

Do you like beer?
맥주 좋아하세요?

Oh, not half.
좋아하다마다요.

How much do you usually drink?
평소에는 어느 정도 마십니까?

주량이 많다

It' s hard to keep up with him because he' s a heavy drinker.
그 사람은 술이 세서 보조 맞추기가 힘들어요.

I' m a heavy drinker.
저는 술고래입니다.

Restaurant Service

I drink like a fish.
저는 술을 물마시듯 마셔요.

He is an alcoholic.
그는 알콜 중독자예요.

I don' t get drunk on beer.
저는 맥주에 안 취해요.

✐주량이 적다

I enjoy a glass every now and then.
가끔 한 잔합니다.

I' m a light drinker.
저는 술을 별로 안 마셔요.

I don' t enjoy drinking very much.
저는 술을 별로 좋아하지 않습니다.

One shot of beer, and I' m under the table.
저는 맥주 한 잔만 마셔도 취해버려요.

A single cup of wine makes me flushed.
저는 한 잔만 마셔도 얼굴이 빨개져요.

✐술을 못하다

I gave up drinking.
술을 끊었습니다.

I don' t touch liquor.
저는 술을 한 방울도 못 마십니다.

✐과음했을 때

You' re obviously drunk.
너무 취하셨어요.

I' m fine. Let' s just have one more.
괜찮아요. 딱 한 잔만 더 합시다.

과음하다

He can' t control his drinking.
당신은 과음하셨군요.

You had too many drinks.
당신은 과음하셨습니다.

You may drink, but you must drink in moderation.
술을 마시는 것도 좋지만, 적당히 마셔야 해요.

You should refrain from excessive drinking.
술을 먹어도 도를 지나쳐서는 안 돼요.

I was elbow-bending all last night.
어젯밤에 밤새 과음을 했어요.

What makes you drink so much?
왜 그렇게 술을 많이 마시세요?

Don' t you think you' d better cool it ease up?
이제 그만 마시는 게 어때?

I had a little too much.
저는 과음을 했어요.

I had a heavy drink.
저는 과음을 했어요.

술에 취하다

You are drunk.
당신 취했군요.

I' m already pretty high.
나 벌써 상당히 취했어요.

I' m feeling a little high.
술이 좀 오르는 것 같은데요.

I' m getting drunk.
점점 취해 가는데요.

I' m on a booze from that beer.
그 맥주 마시고 많이 취했어요.

Don' t bother him.
그 사람 내버려 두세요.

Keep the bottle away from him.
그 사람한테 술 더 주지 마세요.

He got dead drunk.
그 사람은 엄청나게 취했어요.

Let him sleep.
그 사람 자게 내버려두세요.

He' s like a different person when he' s drunk.
그 사람 취하면 딴 사람이 되요.

He always strip when he loads his stomach with liquor.
그는 술만 들어가면 옷을 벗어요.

He looks like another man when the wine is in him.
그는 술이 들어가면 딴 사람 같아요.

He gets repetitious when he drinks.
그는 술만 마시면 같은 말을 자꾸 되풀이해요.

Whenever he gets drunken, he goes into his lousy preaching routine.
그는 술만 취하면 잔소리를 시작해요.

He gets loud when he' s drunk.
그는 술만 취하면 잔소리를 시작해요.

He is a happy drinker.
그는 술이 거나하면 호인이 되요.

He' s not good company when he' s drunk.
그는 취하면 상대하기가 곤란해요.

Every time he' s drunk, he ends up crying.
그는 취했다하면 우는 버릇이 있어요.

I had a little drink.
저는 조금 밖에 안 마셨어요.

Are you beginning to see double?
취해서 물건이 둘로 보이세요?

Let' s talk when you sober up.
당신 술 깬 다음에 얘기합시다.

I couldn' t walk a straight line.
똑바로 걷지를 못하겠어요.

What a hangover I' ve got! My head feels like it' s going to split.
지독한 숙취군. 머리가 쪼개지는 것 같아요.

He' s fallen asleep. What should we do?
그가 잠들어 버렸어요. 이 일을 어쩌죠?

속이 거북할 때의 여러 가지 표현

It' s not good for you to drink on an empty stomach.
빈속에 술을 마시는 건 좋지 않아요.

I feel sick.
기분이 언짢아요.

I don' t feel good.
기분이 언짢아요.

I' m going to throw up.
토할 것 같아요.

I feel nauseated.
속이 메스꺼워요.

Please excuse me. I don' t feel well.
실례하겠습니다. 몸이 좀 안 좋아요.

Why don' t you throw up?
토해버리세요.

You' ll feel better afterwards.
토하면 기분이 나아질 거예요.

술이 깨다 · 나아지다

I don' t feel sick anymore.
이젠 좀 나아졌어요.

I don' t feel so bad now.
이젠 좀 나아졌어요.

I' m sober. I' m as sober as judge.
나 술이 깼어요.

기타

I' m a social drinker.
저는 사교상 술을 마셔요.

Would you like to move to another bar?
다른 술집으로 옮겨 갈까요?

Would you like to find other seats?
다른 자리로 바꿀까요?

would you like to move to quiet place?
좀 더 조용한 곳으로 옮기시겠어요?

술 관련 용어

김빠진 맥주 : flat beer
안주 : snack
흑 맥주 : porter
최고급 포도주 : extra good wine
과실주 : fruit wine
술 취한 : drunken
열매로 담근 술 : elderberry wine
병 맥주 : bottled beer

Don' t drink liquor in anger.
　　홧김에 술을 마시지 마세요.

Liquor shows one' s true character.
　　사람은 술을 마시면 본성이 드러나는 법이에요.

계산할 때

Could I have the check, please?
　　계산서 부탁합니다.

Sure. After a while here you are.
　　알겠습니다. 잠시 후 여기 있습니다.

Is the service charge included in the check?
　　여기에 봉사료가 포함되어 있습니까?

Yes, it is.
　　네, 그렇습니다.

Do you accept this credit card?
　　이 신용카드 받습니까?

Sure. No problem. Could you sign here, please?
　　물론입니다. 상관없습니다. 여기에 서명 좀 해 주시겠습니까?

계산 부탁할 때

Check, please.
　　계산을 부탁합니다.

Where do I pay the bill?
계산을 어디서 하죠?

I' d like to get the tab, please.
계산을 좀 하고 싶은데요.

May I have the check, please.
계산서 좀 주시겠어요?

One check or two?
계산서를 하나로 할까요, 따로 따로 할까요?

Make out separate check, please.
따로 따로 해 주세요.

You have to pay in advance, sir.
선불입니다, 손님.

How much is it in Korean money?
한국 돈으로 얼마죠?

자신이 낼 때

It' s on me.
제가 낼게요.

Please allow me(to pay).
제가 낼게요.

This time you' re my guest.
이번에는 제가 사겠습니다.

It' s my turn to treat you.
제가 낼 차례입니다.

You can treat me next time.
당신은 다음에 한 턱내세요.

I' ll pick up the cap.
제가 계산할게요.

It' s on my company.
회사에서 지불합니다.

식사 각자 부담

Let' s go dutch.
각자 부담합시다.

Let' s pay by separate checks.
각자 부담입니다.

Let' s go halves.
반반씩 냅시다.

Let' s fifty-fifty on the bill.
반반씩 냅시다.

Why don' t we pay half this time?
이번에도 각자 부담하는 게 어때요?

Let me pay for myself.
제 몫은 제가 낼게요.

How much is my share?
제가 낼 게 얼마죠?

Would you mind paying for my food, too?
제 음식 값도 좀 내 주시겠어요?

I' ll pay you back tomorrow when we meet in work?
내일 직장에서 만나서 갚을게요.

팁을 줄 때

This is a tip for you.
이건 당신에게 드리는 팁입니다.

This is little something for you.
이건 당신에게 드리는 팁입니다.

Keep the change.
잔돈을 가지세요.

Leave a tip for her.
그 여자에게 줄 팁을 남겨 놓으세요.

You can add a 20% tip to the bill for your excellent service.
서비스를 잘 해 주셨으니까 계산서에 20% 의 팁을 더하세요.

It' s standard to leave a tip equal to 10% of the total bill.
전체 계산서의 10%에 해당하는 팁을 남기는 것이 일반적이에요.

계산서 확인

Is tip included?
팁이 포함된 건가요?

Is the service charge included?
팁이 포함된 건가요?

Come to think of it, I don' t have enough money.
생각해 보니, 돈이 모자라네.

I haven' t got my change back yet.
아직 거스름돈은 안 받았습니다.

Why is the food so expensive here?
여기 음식은 왜 이리 비싸죠?

계산서가 틀릴 때

I think this is added up wrong.
합계가 틀린 것 같습니다.

There is a mistake in the bill.
계산이 틀립니다.

Could you please check our bill again?
계산서를 다시 확인해 주시겠습니까?

This is not our check.
이건 저희 계산서가 아닌데요.

We didn' t order juice.
쥬스는 주문하지 않았는데요.

식사를 마친 후

감사의 인사

I hope you enjoyed your meal.
식사 맛있게 드셨기를 바랍니다.

Did you enjoy your lunch?
점심 식사 맛있게 드셨습니까?

I enjoyed it very much.
아주 맛있게 먹었습니다.

I enjoyed your drink.
술 잘 마셨습니다.

Thank you for your lunch.
점심 식사를 대접해 주셔서 감사합니다.

c·h·a·p·t·e·r

5 학교생활
School-Life

우리는 학교생활을 마치고 사회로 진출할 때 구두면접을 통해 학생시절의 전공 · 직업선택 · 장래희망 · 조직생활에 잘 적응할 수 있는 인물인가를 질문으로 확인받는 경우가 많다. 이럴 때 우리 학생들이 응답할 수 있도록 마련된 회화 문장이다.

전공과목 결정

Have you decided what you' re going to major in?
전공은 결정했니?

Yeah, I' m planning to study computer engineering.
응. 컴퓨터 공학을 전공할 계획이야.

That' s a good field.
좋은 분야구나.

Which college are you going to apply to?
어느 대학에 지원할 예정이니?

I haven' t decided what colleges I' m applying to.
어느 대학에 지원할 것인지는 아직 결정하지 못했어.

What paper work is needed for admission?
입학에 필요한 서류가 뭐죠?

You can read the pamphlet, it includes all that information.
팸프릿을 읽어 보시면, 다 나와 있습니다.

All right. Thank you for your information.
알겠습니다. 가르쳐 주셔서 감사합니다.

면접 지원 동기

What made you decided on this type of occupation?
이 직업으로 결정하게 된 이유가 무엇입니까?

Tell me why you are interested in working for this company?
이 회사에서 일하고자 하는 이유를 말씀해 주시겠어요?

What made you interested in Hotel Service?
호텔 서비스업에 흥미를 느끼게 된 동기가 무엇입니까?

What made you pick this company?
이 회사에 지원하게 된 동기가 무엇입니까?

Did you submit your resume to any other companies?
당신은 다른 회사에도 지원서를 제출하였습니까?

Yes, I am applying to three different hotel, because I really don't want to spend a year without a job.
네, 저는 다른 세 곳의 호텔에 지원했습니다. 왜냐하면 저는 직업 없이 세월을 낭비하고 싶지 않았기 때문입니다.

Will you select our hotel if you are invited by all three hotels?
세 곳의 호텔로부터 초빙 받는다면 당신은 우리호텔을 선택하시겠습니까?

If I' m accepted by this hotel, I' ll choose to work here.

이 호텔에 저가 받아들여질 수 있다면, 이곳을 택할 것입니다.

What would be your expectation for the annual salary?

연간 당신의 봉급이 얼마쯤일까를 예상하고 있습니까?

As this hotel is a good one, I don' t worry much about the compensation I will receive.

이 호텔은 좋기 때문에, 저가 받을 봉급에 대해 염려하지 않습니다.

How long are you going to work for our hotel if you are hired?

이 호텔에 채용된다면 얼마나 오래 근무할 예정입니까?

I hope I could be able to work here as long as possible.

가능하다면 여기서 오랫동안 일할 수 있기를 희망합니다.

Who is recommending you to our hotel?

누가 우리 호텔에 추천하셨습니까?

My uncle recommended me to this hotel.

아저씨가 이 호텔에 추천했습니다.

면접 위원의 질문을 되물어 봐야 할 때

Pardon me. Would you please say that again, sir?

죄송합니다. 한번 더 말씀해 주시겠습니까?

I' m sorry, I couldn' t follow you.

죄송합니다. 알아듣지 못하였습니다.

연락 방법을 물을 때

How can I contact you about our decision?

어떻게 하면 당신에게 결과 연락을 할 수 있을까요?

May I call you at your home about our final decision?

우리의 최종 결정은 당신의 집 전화로 알릴까요?

We will let you know within a few days.

며칠 내로 결과를 알려 드리겠습니다.

면접을 끝내고 나올 때

I' ve enjoyed talking with you, sir. Thank you.
면접이 아주 좋았습니다.

It has been a pleasure talking with you.
면접이 정말 즐거웠습니다.

대답은 구체적으로

How is your typing?
타이핑은 어느 정도입니까?

I can type 45 words a minute.
1분에 45 단어를 칩니다.

자기소개

Tell me little bit about yourself, please.
자신에 대해 약간만 소개해 보세요.

My name is Rock Soh, and I live in Seoul. I like music very much. I have quite a few records at home. And I like tennis. I was in the tennis club at my College.
저는 락 서라고 합니다. 서울에 살고, 저는 음악을 좋아합니다. 그리고 집에는 레코드 판도 좀 갖고 있습니다. 테니스를 좋아하며, 대학 시절 테니스 크럽 회원이었습니다.

Was there any teacher who impressed you very strongly?
학창 시절에 특히 인상에 남는 선생님이 있습니까?

How many are there in your family?
가족은 몇 명입니까?

There are four of us including me.
저를 포함해서 4명입니다.

Your application form says that you have a younger brother. How do you and he get along?
지원서에 동생이 있다고 했는데 형제 사이는 어떤지요?

We get along very well. He' s studying for college entrance exams right now, so he asks me for advice a lot on how he should study.
항상 사이가 아주 좋습니다. 동생은 지금 대입시험을 목전에 두고 있으므로 공부하는 방법에 관하여 저에게 조언을 구하고 있습니다.

What school did you graduate from?
어느 학교를 졸업했습니까?

I graduated Masan high school.
마산 고등학교를 졸업했습니다.

How did you get to your college?
대학까지 어떤 교통수단을 이용하세요?

I use the city trains.
지하철을 이용합니다.

성격

What kind of personality do you think you have?
당신은 자신을 어떤 성격의 소유자라고 생각합니까?

Well, I approach things very enthusiastically, I think, and I don' t like to leave something half-done.
네, 모든 일에 적극적이라고 봅니다. 무슨 일을 하다가 중도에서 그만두는 것을 싫어합니다.

Would you describe yourself as outgoing or more reserved?
당신은 사교적인 편입니까, 아니면 내성적인 편입니까?

Well, I' m not very outgoing, so I guess you' d have to say I' m a fairly reserved person.

대단히 사교적인 편은 아닙니다. 상당히 내성적인 편이라고 생각합니다.

Do you think you are more outward-looking or more inward looking?

당신은 자신의 성격을 외향적이라고 생각합니까 아니면 내향적이라고 생각합니까?

Well, sometimes I want to be by myself, but most of time I prefer being with a group of people, so I guess you' d say rather outgoing.

때로는 혼자 있고 싶은 마음이 들기도 하지만, 대개는 여러 친구들과 함께 있는 것을 좋아하기 때문에 외향적이라고 생각합니다.

Are you more of a follower or a leader?

당신은 상대방의 의견을 따르는 편입니까, 아니면 사람을 이끌어 가는 편입니까?

I don' t try to get in front of people and lead them, particularly. I' d rather cooperate with everybody else, and get the job done by working together.

저는 특별히 사람들 앞에 나서는 일이 없고 그들을 이끄는 일도 없는 편입니다. 동료와 협력하는 편이고 함께 일함으로서 일을 진척시키기를 좋아합니다.

What' s your faults and strong points?

당신은 어떤 장단점을 가졌다고 생각하십니까?

Well, I' m afraid I' m a poor talker, and that isn' t very good, so I' ve been studying how to speak in public.

저는 말이 좀 서투른 점이 단점이므로 지금은 대중 앞에서 말하는 법을 공부하고 있습니다.

생활신조

What' s basic principle do you apply to your life?

당신의 생활신조는 무엇이죠?

I try to keep to a regular schedule everyday.

매일 규칙적인 일정을 지키려고 합니다.

I try to keep a child' s outlook on some thing.

항상 어린이 같은 순수한 마음을 가지려고 노력하고 있습니다.

가족 · 성장과정 · 교우관계

What does your father do?

아버지의 직업은 무엇입니까?

My father is running a medium-sized grocery store.

저의 아버지께서는 식료품 점을 운영하고 있습니다.

Does your mother work, too?

어머니께서도 직장에 다니십니까?

No, currently she is a full-time housewife.

아니오, 어머니께서는 현재 집안 일만 꾸리고 계십니다.

How large is your family?

가족이 많으십니까?

There are five of us, my parents and a brother and sister.

부모님과 한 명의 남자 동생과 여자 동생이 있습니다.

Do you respect your father? And why?

아버지를 존경하십니까? 그 이유는 무엇입니까?

I like my father, rather than respect him. He used to play and talk with us whenever he could find the time.

저는 아버지를 존경하기보다 좋아합니다. 아버 지께서는 시간이 있을 때면 주로 우리들과 함께 하시거나 대화하시는 편입니다.

What did you want to be, when you were a little kid?

어릴 때 장차 무엇이 되고 싶어 했습니까?

I wanted to be a pilot. I thought it would be wonderful to fly in the sky.

저는 파이럿이 되기를 원했습니다. 푸른 하늘을 날아본다는 것이 아주 신기하게 생각되었으니까요.

Do you talk often with your family?

가족들과 자주 대화하십니까?

Yes, I do. I usually talk with them in the morning while we' re having breakfast.

네, 그렇습니다. 저는 아침에 조반을 들면서 가족들과 얘기를 합니다.

What are the usual topics of your conversation?

당신의 평소 대화시의 화제가 무엇이 중심인가요?

Our popular topics are the political and economic situation of Korea.

우리의 주된 화제는 정치와 경제 관계가 대부분입니다.

Do you have many relatives?

당신은 친척이 많습니까?

Yes, I do. Both of my parents are from large families, and I have more than twelve cousins.

네, 그렇습니다. 양친께서는 대가족 출신으로 만나셨기 때문에, 저에게는 사촌이 열두 명이나 된답니다.

Is there any handicapped person in your family?

가족 중에 신체가 부자유스러운 사람이 있습니까?

No, there isn' t any handicapped person in my family.

우리 식구 중에는 신체 부자유자가 없습니다.

Will you tell us what you' ve learned the real life of your parents?

당신은 부모님으로부터 실제 생활에서 배운 것을 말해 주시겠어요?

I learned manners and diligence from behavior of my parents.

부모님의 행동에서 예절과 근면성을 배웠습니다.

What was your favorite subject in high school?

고등학교에서 좋아했던 과목은 무엇이었습니까?

I liked English the most.

영어를 좋아했습니다.

What subject did you dislike the most in high school? And why?

고등학교에서 제일 싫어한 과목은 무엇이었습니까? 그 이유는?

It was mathematics.

네, 수학입니다.

Do you remember any of your high school teachers?

당신의 고등학교 시절의 선생님을 기억하고 있습니까?

I remember Mr. Jongdal Kim, who was in charge of our class when I was in the second grade. He taught us Korean.

네, 저는 2학년 때 담임이셨던 김정달 선생님을 기억하는데, 우리에게 한국어를 가르쳤습니다.

What should be the relationship between real friends?

친한 친구가운데서 중요한 관련사항이 무엇입니까?

Real friends should do their best to help each other when one is in trouble.

친구가 어려울 때, 최선을 다해 서로 도와줘야 하는 것이라고 생각한다.

What kind of conversation do you usually have your friends?

친구들과 자주 얘기하는 내용은 무엇입니까?

These days we talk about what kind of jobs we have to choose, what we should do to use computers better.

요즘은 어떤 직업을 선택하느냐, 얼마나 컴퓨터를 잘 다룰 수 있어야 하는가 등이 화제의 중심이라고 생각합니다.

대학생활 및 군 복무 · College life and Military Service

Will you tell us a little bit about your educational background?

당신의 교육 배경에 대하여 말해 주시겠어요?

I finished elementary, middle and high school in Daegu, which is my birth-place. I entered YeungJin junior college in 2003, in the hotel management and restaurant service department.

저는 대구에서 태어나, 초등학교, 중학교, 고등학교를 다녔으며, 2003년 영진전문대학 호텔경영학과에 입학하였습니다.

What were the criteria in choosing your major in college?

대학의 전공을 결정하는데 가장 기준이 된 것은 무엇이었습니까?

I thought that I should select my major that suits my aptitude and my future job.

장래 직업과 내 적성에 맞는 과목을 선택해야 된다고 생각하였습니다.

I selected major field of study in my aptitude.

내 적성에 맞는 전공분야를 선택하였습니다.

Who paid your university tuition?

당신의 학비는 누가 부담합니까?

My parents paid roughly half of my tuition.

부모님이 약 반액을 부담하십니다.

What was your grade point average?

당신의 평균 평점은 얼마입니까?

My GPA is 3.15 out of 4.

평점 4 가운데 3.15입니다.

What subject were you interested in, other than your major?

주 전공 과목 외에 무슨 과목에 흥미를 가지고 있습니까?

I was interested in learning the Old Testament.

구약 성서를 배우는데 흥미가 있었습니다.

Have you ever worked to earn money?

돈 벌기 위해 일해 본 적이 있습니까?

Yes, I had several part-time jobs.

네, 약간의 시간제 일을 해 봤습니다.

What did you learn through your part-time work?

시간제 일을 통하여 무엇을 배웠습니까?

I was happy that I didn' t have to ask my parents frequently for allowances.

가끔이지만 부모님한테 용돈을 요구하지 않아도 되어서 좋았습니다.

What is the most impressive place that you traveled?

당신이 여행해 본 가운데 가장 인상적이었던 곳이 어디입니까?

It is the Grand Canyon in the United States.

미국 그랜드 캐년입니다.

Did you finish your army service duties?

당신은 군 복무를 마쳤습니까?

Yes, I did.

네, 마쳤습니다.

What was your job in the army service?

군 복무에서 주 업무는 무엇이지요?

My job was driving. I drove mostly five-ton trucks.

저의 주 업무는 운전이었고, 5톤 트럭을 담당했습니다.

직업관

Tell me what you think a job is.

당신은 직업을 무엇이라고 생각하십니까?

Well, a way to make a living, of course, but beyond that I think a job is a way of developing as a person.

물론 그것은 생활을 유지하기 위한 한 방편이지만, 그것을 넘어서 인간으로서 발전해 나가게 하는 하나의 방법이라고 생각합니다.

입사 후의 희망

If you enter this company, what section would you like to work in?

만약에 이 회사에 들어온다면 어느 부서에서 일하고 싶습니까?

If possible, I' d like you to try me in the international section.

가능하면 국제부에서 일하게 해 주셨으면 좋겠습니다.

What starting salary would you expect?

초봉은 어느 정도로 생각합니까?

Have you applied for work with any other company?

다른 회사에서 일하려고 지원한 적이 있습니까?

No, this is the only one.

아닙니다. 귀사뿐입니다.

What were the result?

결과는 어땠습니까?

I took the secretarial examination, but I haven' t heard the results yet.

비서 시험을 치루었습니다만, 결과는 아직 모르겠습니다.

If you are accepted at both places, which company will you choose?

양쪽에서 다 채용된다면 어느 회사를 선택하겠습니까?

This one, of course. Your company is my first choice.

물론 귀사입니다. 처음 선택한 곳이 귀사입니다.

Tell me what you know about our company.

우리 회사에 관하여 아는 것을 말해 보시오

호텔의 업무 부서

general affairs : 총무부
accounting department : 경리부
business section : 영업부
planning department : 기획부
publicity department : 홍보부
personnel department : 인사부
sales promotion department : 판매 촉진부
Kitchen department : 조리부
housekeeping department : 객실정비부
bakery : 제과 제빵 부문

Sales Promotion(판매촉진 활동)

This is Jim Jones of the Seoul Hotel. We have special rates for your corporation. Would you be interested in?

저는 호텔 서울의 짐 존스입니다. 회사를 위한 특별가격이 있습니다. 관심이 있으십니까?

We can offer you 20% discount through-out the year.

저희는 일년 내내 20% 할인해 드릴 수 있습니다.

That' s sounds wonderful.

좋습니다.

How many attendees are you expecting ?

참석자가 얼마나 될지 아십니까?

We have held our international computer conference at the Hilton Hotel for the past 3 years. We can' t get the desired date at the Hilton this year.

지난 3년 동안 힐튼호텔에서 국제컴퓨터 초대전을 열었습니다. 금년에는 힐튼호텔에서 원하는 날짜에 열수가 없습니다.

What are you desired dates?

원하는 날짜가 언제입니까?

Feb. 7th through Feb. 10th.

2월 7일부터 10일까지입니다.

What size ballroom would you require?
어느 정도 크기의 연회장을 원하십니까?

We require approximately 5,000 square feet of ballroom space.
약 5천 평방피트 크기의 연회장이 필요합니다.

Personal History

What' s your name?
이름이 무엇입니까?

My name is Sungtae Kim.
김성태입니다.

When were you born?
생년월일은 언제입니까?

18th of May, 1973.
1973년 5월 18일입니다.

How old are you?
몇 살입니까? 몇 살 입니까?

Thirty-one years old.
네, 서른 한 살입니다.

What do you do for living?
지금 무엇을 하고 있습니까?

I' m working in the planning department of LG electronics.
엘지 전자 기획실에서 근무하고 있습니다.

Are you married?
결혼했습니까?

Yes, I have two children.
네, 아이가 둘 있습니다.

Personnel Interview

Good morning. My name is Ellen Joe.
좋은 아침입니다. 제 이름은 엘렌 조입니다.

I have an appointment at 10a.m. I' m here for the job interview.
10시에 약속이 되어있습니다. 면접하러 왔습니다.

One moment, please. I' ll tell Mr. Brown, personnel manager that you are here.
잠시만 기다려 주세요. 인사부 책임자, 브라운씨에게 당신이 여기 있다고 전해드리겠습니다.

Thank you.
고맙습니다.

I' m here for the job interview.
사실 면접을 하러 왔습니다.

You are looking for a server' s position.
당신은 서빙직을 원하고 있습니다.

Is there any special reason to choose our hotel?
특별히 우리 호텔을 선택한 이유가 있습니까?

Yes, I want to work at Intercontinental hotel.
네, 인터콘티넨탈 호텔에서 일하고 싶습니다.

You are looking for a front desk clerk' s position.
후론트 데스크 클럭직을 찾고 있습니다.

Mr. Taylor, you applied for the front desk supervisor' s position.
테일러씨, 후런트 데스크의 수퍼바이저직을 신청했군요.

Why do you quit your last job?
왜 전 직장을 그만두셨습니까?

I was forced to quit because the hotel closed down.
호텔이 파산했기 때문에 그만뒀습니다.

What position are you looking for?
무슨 직을 찾고 있습니까?

Banquet server. I' d like to work part-time in the banquet department.
연회부입니다. 파크 타임으로 연회부에서 일하고 싶습니다.

I' m sorry. We hire only full timers, but I appreciate your interest in our hotel.

죄송합니다. 저희는 풀 타임으로 일할 사람만 모집합니다. 저희 호텔에 관심을 가져 주셔서 감사합니다.

This is personnel manager of Hyatt hotel. We' d like to offer you the bell captain' s position.

하얏트 호텔 인사과장입니다. 당신에게 벨틴직을 주겠습니다.

Thanks. That' s great.

감사합니다. 정말 고맙군요.

Please, fill out this standard application.

이 지원서를 작성해 주십시오.

Do you work well with people?

동료들과 잘 지냅니까?

Do you have any problems working at night?

저녁에 근무하는데 무슨 문제가 있습니까?

학력 · Academic background

Which highschool did you graduate from?

어느 고등학교를 졸업했습니까?

I graduated from Keisung Highschool in Daegu.

대구 계성고등학교를 졸업했습니다.

Which university did you graduate from?

어느 대학을 졸업했습니까?

I' m a student at Yeungnam junior college.

지금 영남전문대학에 재학 중입니다.

What are you specializing in?

전공이 무엇입니까?

I' m specializing in hotel management and restaurant service.

호텔경영학 및 레스토랑 경영을 공부하고 있습니다.

Do you have diploma?

졸업장은 있습니까?

Yes, I have.
네, 있습니다.

Did you apply for TOEFL?
토플에 응시한 적이 있습니까?

Yes, I received 550 marks.
네, 550점을 받았습니다.

상대의 견해를 물을 때

What would you say to my opinion?
내 의견에 대해서 어떻게 생각하세요?

Which looks better, this one or that one?
어느 것이 더 그럴듯하게 보이나요, 이거예요, 아니면 저거예요?

What would you do if you were in my shoes?
당신이 내 입장이라면, 어떻게 하시겠어요?

He keeps his opinion to himself.
그는 자기의 의견을 남에게 말하지 않아요.

You read my mind.
내 마음을 알아채는군요.

다른 제안이 있는지를 물을 때

Have you any other suggestions?
다른 제안이 있습니까?

Can you come up with any good ideas?
좋은 생각이라도 떠오르세요?

Do you have any proposal to make?
귀측의 제안은 없으신지요?

상대의 의견을 칭찬할 때

Thanks for the great idea.
훌륭한 의견 감사합니다.

Thank you for your suggestion.
참고되는 말씀을 해 주셔서 감사합니다.

How did you come up with the idea?
어떻게 그런 생각을 해 주셨습니까?

You speak my language.
나와 뜻이 맞는군요.

It's a fantastic idea.
그건 기상천외한 생각인데요.

✎자신의 견해를 밝힐 때

Your opinion is similar to mine.
당신 의견은 내 의견과 비슷하군요.

In conclusion I should like to say a word.
마지막으로 한 말씀드리겠습니다.

Strictly speaking that is not correct.
엄밀히 말하자면, 그건 정확하지 않아요.

This is only my personal opinion.
이건 단지 제 사견입니다.

An idea struck me.
생각이 떠올랐어요.

What are your hours of operation? 영업시간이 어떻게 됩니까?

상점이 문을 여는 '영업시간'은 주요 표현에서와 같이 hours of operation으로 나타낼 수 있습니다. 대화 중의 call it quits는 '하루 일과를 끝내다'라는 뜻으로, call it a day와 바꾸어 쓸 수 있습니다.

W : Thanks for calling Shop & Save. This is Cathy speaking. May I help you?
감사합니다. 숍 앤 세이브의 캐시입니다. 무엇을 도와 드릴까요?

M : What are your hours of operation?
거기 영업시간이 어떻게 되죠?

W : We open at 9 a.m. and call it quits at 9 p.m. from Monday to Saturday.
월요일부터 토요일까지 오전 9시에서 밤 9시까지 영업합니다.

M : Well, I'm up to my ears in work right now, but I'll pop over later. Thanks.
음... 지금은 일 때문에 바쁘니까, 나중에 들를게요. 고맙습니다.

More tips

How late are you open? 몇 시까지 영업하나요?

We call it a day at 9 p.m. 저희는 저녁 9시에 일을 마칩니다.

I want to catch some rays. 일광욕을 하고 싶어요.

'일광욕을 하다' 라는 말은 주요 표현에서와 같이 catch[get, grab] some rays로 나타낼 수 있습니다. 같은 뜻으로 have[take] a sunbath, bath in the sun 등의 표현도 많이 쓰입니다.

M : Let's meet up for dinner because I want to catch some rays to work on my suntan.

우리 저녁식사 때 만나요. 낮에는 일광욕을 하면서 살 좀 태우고 싶어서요.

W : Fine by me, but be careful not to get too much sun, or you'll fall ill.

그러세요. 그런데 너무 오래 하지는 말아요. 오히려 몸에 탈이 날 수 있으니까

M : Don't worry. I'll never forget how sick I got last time; I was deathly ill.

걱정 마세요. 지난번에 아주 심하게 아파서 죽다 살아났잖아요.

W : Make sure to wear lots of sun block, too. You can never be too careful.

자외선 차단제도 좀 많이 바르고요. 조심해서 나쁠 건 없으니까요.

More tips

I want to have a sunbath. 일광욕을 하고 싶어요.

I was in bad shape. 몸이 아팠어요.

c·h·a·p·t·e·r 6

국외 여행
Overseas Traveling

우리가 세계 여러 나라를 여행할 때 출발하기 전에 한국 주재 각국 목적지 대사관에 의뢰하는 비자 신청을 비롯하여 탑승권 구입 · 항공편 예약 · 탑승수속 · 탑승 요금 · 비행시간 · 수화물 등의 탁송 · 보안 검색 등이 대부분 영어로 이루어지기 때문에 거기에 필요한 대화 요점을 간단하게 소개한다.

항공편 예약

Korea Air Lines. May I help you?
　대한 항공입니다. 뭘 도와드릴까요?

Yes, I' d like to reserve a seat for a flight to San Francisco.
　네. 샌프란시스코 행 좌석을 예약하고 싶습니다.

Would that be a round-trip ticket or one-way?
　왕복 티켓입니까? 편도티켓입니까?

Round-trip, please.
왕복표로 해 주십시오.

When would you like to leave?
언제 떠나실 예정입니까?

On September 15th.
9월 15일 항공편입니다.

Hold on, please. I' ll check to see if there' s room. (pause)That' s fine.
잠깐 기다려 주세요. 자리가 있는지 확인해 보겠습니다. (잠시 후) 있습니다.

Very good! What' s available?
다행이군요. 어떤 게 있습니까?

There are two flights, one at 10 a.m. and 3:00 p.m.

What time shall I make your reservation for?
오전 10시와 오후 3시 편이 있습니다. 몇 시 비행기로 예약해 드릴까요?

I' ll take the flight at 3 p.m.
오후 3시 항공편으로 하겠습니다.

What class would you like?
어떤 좌석 등급을 원하십니까?

First class, please.
1등석으로 하겠습니다.

All right. May I have your name and phone number, please.
알겠습니다. 성명과 전화번호를 말씀해 주시겠습니까?

My name is Sangho Kim and phone number is 952-5577.
제 이름은 김 상호이고, 전화번호는 952-5577번입니다.

예약상담

I' d like to make a reservation to London on July 15.
7월15일자 런던 행 항공편을 예약하고 싶습니다.

I' d like to book a flight to Tokyo on July 22.
7월 22일자 도오교행 항공편을 예약하고 싶습니다.

Could I get a ticket for Hongkong on August 5.
8월5일자 홍콩행 비행기표를 구할 수 있을까요?

Is that a nonstop flight to Tokyo?
그게 도교행 직행입니까?

No, it flies to Tokyo via Taiwan.
아닙니다. 타이완을 경유해서 도교로 갑니다.

I' d like to fly to New York via San Francisco.
샌프란시스코를 경유하여 뉴욕으로 가고 싶습니다.

I' d like to get a ticket for New York.
뉴욕행 비행기 표를 구하고 싶은데요.

Do you have any direct flights to New York?
뉴욕으로 가는 직행편이 있습니까?

What night flights are there from here to Manila?
마닐라행 야간 항공편으로 어떤 것이 있습니까?

운항 시간 간격

How often do you have flights to Hongkong?

How often are there flights to Hongkong?
홍콩행 비행기는 얼마나 자주 있습니까?

What time does the first flight leave?
첫 비행기가 몇 시에 출발합니까?

How many flights do you have to Manila a day?
마닐라 행 비행기는 하루에 몇 번 있습니까?

비행시간

How long does the flight take?

How many hours is the flight?
비행시간이 얼마나 됩니까?

How many hours does the flight take?
비행시간이 몇 시간 걸립니까?

탑승 요금

How much is the flight?

What' s the fare?

탑승 요금이 얼마죠?

How much is it a round-trip ticket for children?

어린이 왕복 요금은 얼마입니까?

Do you have any cheaper tickets?

요금이 더 싼 티켓이 있습니까?

예약확인

I' d like to confirm my reservation.

예약을 확인하고 싶습니다.

May I have your name and flight number?

성함과 비행기 편 번호를 알려 주시겠어요?

My name is Rock Soh, and the flight number is Korea Air Line 757.

제 이름은 락 서이고, 비행기 편 번호는 대한항공 757편입니다.

Your name is on the list.

손님 이름은 명단에 있습니다.

Your seat is reserved.
손님 좌석은 예약되어 있습니다.

변경

I' d like to change my reservation.
예약을 변경하고 싶습니다.

May I have your name and flight number?
성명과 비행기편 번호를 알려 주시겠어요?

My name is Helen Soh, and the flight number is KE 757 for Tokyo on June 15.
제 이름은 헬렌 서이고, 비행기 번호는 6월15일자 도오교 행 757편입니다.

Hold on, please. How would you like to change it?
잠간만 기다리세요. 어떻게 바꾸려고 합니까?

I' d like to change it to a flight for June 20.
6월 20일자 항공편으로 바꾸고 싶습니다.

취소

I' d like to cancel my reservation.
예약을 취소하고 싶습니다.

I' m calling to cancel my reservation.
예약을 취소하려고 전화를 했습니다.

티켓 구입

I' d like to buy a ticket for a flight to New York.
뉴욕행 항공권을 한 장 구입하고 싶습니다.

Would you like a round-trip ticket?
왕복 티켓으로 드릴까요?

No, I want an one-way ticket, please.
아니오, 편도 티켓으로 주세요.

Which type of seat do you prefer?
어떤 좌석을 원하십니까?

A window seat, please.
창가쪽 자리로 주십시오.

Have you booked a flight?
항공편을 예약하셨어요?

탑승 수속

Is this the right counter to check in for this flight?
이곳이 항공기 탑승수속을 하는 카운터 맞습니까?

Yes, it is. Your passport and ticket, please.
네, 맞습니다. 여권과 항공권을 주시겠습니까?

Here you are.
여기 있습니다.

Would you like a window or aisle seat?
창 쪽 좌석을 원하세요, 통로쪽 좌석을 원하세요?

A window seat, please.
창쪽 좌석으로 주세요.

How many pieces of baggage do you have?
짐은 몇 개나 됩니까?

Five.
5개입니다.

Please put them on this scale.
그 짐을 이 저울에 올려 놓으세요.

All right.
알겠습니다.

Your baggage exceeds the limit. the extra charge is 30 dollars.
손님의 짐은 한계 초과입니다. 추가 요금은 30달러입니다.

Okay. Here you go.
알겠습니다. 여기 있습니다.

Here' s your ticket and boarding pass. Have a nice trip.
티켓과 탑승권 여기 있습니다. 즐거운 여행 보내세요.

수화물 탁송

Do you have any luggage to check in?
부치실 짐이 있으세요?

Can you put your baggage up here?
수화물 여기 올려주시겠어요?

Is this all you have?
짐이 이게 모두입니까?

Where can I check my bags?
어디에 수화물을 맡길 수 있습니까?

Can I take it on the plane?
이것을 기내로 가지고 들어갈 수 있습니까?

탑승시간

When is the boarding time?
비행기 탑승 시간이 언제입니까?

What time will we start boarding?
탑승은 몇 시에 시작합니까?

Will this flight leave on time?
비행기가 정시에 출발합니까?

Yes. It is on schedule.
네. 예정시간에 출발할 예정입니다.

The plane will depart at its regularly scheduled time.
비행기는 예정된 시간에 출발합니다.

Please be present at gate 8 ten minutes before departure time.
출발 시간 10 분 전까지 8번 출구 입구에 대기하시기 바랍니다.

Is this the way to gate 8?
여기가 8번 출구로 가는 길입니까?

Could you direct me to gate 8?
8번 출구로 가는 길 좀 가르쳐 주시겠어요?

보안 검색

Please put all carry-on luggage on the conveyor. Step right this way, sir?
휴대용 짐을 운반대 위에 올려놓으십시오. 이쪽으로 오십시오.

How about this camera?
이 카메라는 어떻게 하죠?

You can give it to me, sir. It doesn' t have to go through the scanner.

그 카메라 저한테 주세요. 그건 스캐너에 검색하지 않아도 됩니다.

Would you mind opening your briefcase?

서류 가방을 열어 주시겠습니까?

No, not at all. There you go.

물론이죠. 여기 있습니다.

비행기를 놓쳤을 때

I missed Japanese Airline Flight No. 757 to Manila.

마닐라 행 JAL 757 편을 놓쳤습니다.

Do you have any other flights available?

오늘 가능한 다른 비행기가 있습니까?

비자 신청

Please pick up your visa next Wednesday.

다음 주 수요일에 비자를 찾아가세요.

I' d like to apply for a visa.

비자를 신청하려고 합니다.

This is the first time I applied for a visa.

This is my first visa application.

비자 신청은 이번이 처음입니다.

You should pay 15 dollars for visa fee.

수수료는 15달러입니다.

Please fill out this form and hand it in with a photo.

이 양식을 작성해서 사진과 함께 제출해 주십시오.

There' s no need for a visa if you' re going to stay for less than 20 days.

20일 이내로 체류할 것이라면 비자는 필요없습니다.

비자 인터뷰

Would you mind answering a few questions?
몇 가지 질문에 답변해 주시겠습니까?

When and where were you born?
언제 · 어디에서 태어났습니까?

What' s your name, please?
이름이 어떻게 됩니까?

Could you tell me something about your educational background?
학력에 대해서 말씀해 주시겠어요?

What do you do now?
현재 어떤 사업을 하고 계십니까?

Are you married or single?
기혼인가요, 미혼인가요?

Do you have any kind of professional license?
어떤 종류의 전문 자격증이라도 가지고 계십니까?

Could you tell me what is your purpose in applying for visa?
비자를 신청한 목적이 무엇인지 말씀해 주세요.

What' s the purpose of your visit?
방문 목적이 무엇입니까?

How often do you travel on business?
사업상 얼마나 자주 여행을 하십니까?

How long do you expect to stay in the Japan?
일본에는 얼마나 체류하실 계획입니까?

항공 전문 용어

domestic 국내선
international line 국제선
standby passenger 대기 승객
arrival board 도착시간 게시판
commercial air line 민간항공 노선
civil flight 민항기
security check 보안검사
boarding ramp 승강 계단
boarding list 탑승객 명부
boarding time 탑승시간
boarding area 탑승장
check-in counter 탑승수속 카운터
no show 예약을 하고 타지 않는 사람
moving walkway 이동식 보도
arrivals lobby 승객 대기실
check-out : 입국수속
economy class : 2등석(보통석)
first class : 1등석
boarding card : 탑승권
embarkation : 출국카드
air port : 공항
transit passenger : 통과여객
airline counter : 항공사 카운터
baggage(luggage) : 수화물
seat belt(safety belt) : 안전 벨트
reservation : 예약
airport tax : 공항세
airsickness : 비행기 멀미
porter(red cap) : 짐꾼
waiting lounge : 대합실
gate number : 출구번호
flight number : 비행기 편 번호
stewardess : 여자 승무원
rest room : 화장실
vacant seat : 빈 좌석
emergency exit : 비상구
occupied : 사용 중
window seat : 창문옆 좌석
aisle seat : 통로 쪽 좌석
life jacket : 구명조끼
forced landing : 비상착륙, 불시착
visa : 입국사증
customs declaration : 세관신고서
purpose of visit : 방문목적
personal effects : 일상휴대품
prohibited articles : 휴대금지품
custom house : 세관
disembarkation : 입국카드
quarantine : 검역소
baggage claim area : 수화물 인도 장소
baggage claim tag : 수화물 인수증
nationality : 국적
profession : 직업
issued at : 발행지
on business : 사업차
signature : 서명
for sightseeing : 관광
The plane for Seoul : 서울행 비행기
welcome aboard : 탑승을 환영합니다.

✿항공기 기내에서

고객 : After showing a boarding pass, Excuse me. Where is my seat?

탑승권을 보여주면서, 실례지만 제 좌석이 어디입니까?

승무원 : It' s over here. It' s the window seat.

이쪽입니다. 창문 쪽 자리입니다.

고객 : Thank you.

감사합니다.

✿좌석을 찾을 때

승무원 : Would you show me your boarding pass?

탑승권을 보여주시겠습니까?

May I help you find your seat?

손님 좌석을 찾아드릴까요?

Your seat is next to that gentleman.

당신 자리는 저 신사 분 옆입니다.

기내에서 서비스 받을 수 있는 종류

관제엽서 Postal card
편지지 : letter paper
유아식 : baby food
젖병 : Baby bottle
약품 : medicine
봉투 : envelope
반창고 : bandage
식사 · 주류 · 음료 : foods · alcohols · beverages
유아용품 : baby' s goods
청량음료 : soft drink
포도주 : Wine
위스키 : Whisky
콜라 : Coke
산소 마스크 : Oxygen mask
구명재킷 : life jacket
화장실 : Lavatory
화장지 : toilet paper
도착예정시간 : estimate arrival time
국제날짜변경선 : international date line
사물함 : baggage compartment
긴급사태 발생시 : in the event of emergency

좌석을 바꿀 때

Would you mind exchanging seats?
좌석을 바꿀 수 있을까요?

Could you change seats with me?
좌석을 바꿀 수 있을까요?

Can I change my seat?
제 좌석을 바꿀 수 있을까요?

기내 서비스

승무원 : Would you like a paper, sir?
신문을 보시겠습니까?

고객 : Yes. The Korea Times, please.
네, 한국일보를 부탁합니다.

승무원 : I' m afraid we' re out of The Korea Times.
죄송하지만 한국일보는 없는데요.

Would you like a Donga news paper?
동아일보를 보시겠습니까?

고객 : Yes, that' s fine.
네, 좋습니다.

❧환승 탑승구 위치

Where is the gate for the connection flight?
접속 편 탑승구가 어디입니까?

Go to gate 13, please.
13번 게이트로 가십시오.

Where is the lounge for transit passengers?
환승객 휴게소가 어디입니까?

Follow that sign marked "Transfer"
갈아타는 곳이라고 표시된 저 표지판을 따라가세요.

❧수화물을 찾을 때

Excuse me. Where is the baggage claim area?
실례합니다. 수화물을 찾는 곳이 어디에 있습니까?

It' s over there.

저쪽입니다.

I can' t find my baggage.

제 짐을 찾을 수가 없습니다.

Could you help me to find my baggage?

제 짐 찾는 걸 도와주시겠습니까?

Let me check on it.

확인을 해 보겠습니다.

환전

Where can I change some money?

어디서 환전합니까?

Can I change Korean won into dollars?

원화를 달러로 바꿀 수 있습니까?

Wat' s the exchange rate?

환율이 어떻게 됩니까?

It' s 1,000 won to a dollar.

1달러에 1천원입니다.

I' d like to have these check cashed.

이 수표를 현금으로 교환하려고 합니다.

I want to cash this check.

이 수표를 현금으로 바꾸려 합니다.

I' d like to cash this traveler' s check.

여행자 수표를 현금으로 바꾸려 합니다.

What time does the bank open?

은행은 언제 엽니까?

I' d like to deposit some money in this bank.

이 은행에 저금해 두고 싶습니다.

Appendix

- 식음료 관계 용어 해설
- 영어로 숫자 읽기
- 이력서 작성의 기본 Point 10
- 영어 이력서

식음료 관계 용어 해설

Abbreviation	Menu의 full Name을 통일된 方法으로 줄여서 Server, Cashier, Kitchen 등 관련자가 간편하고 쉽게 알아 볼 수 있게 만든 약어
Aged	Wine의 숙성 정도를 나타내는 것. 육류를 일정기간 저장하면서 숙성시키는 것.
A la carte	일품요리
A la mode	각종파이(pie)류에 아이스크림을 얹어서 제공되는 음식
American Service	음식을 접시에 미리 담아 신속히 Service하는 형태
Aperitif	식사 전에 식욕을 촉진시키기 위한 음료
Appetite	식욕, 입맛. A good appetite is a good sauce. 시장이 반찬(속담)
Appetizer	식욕촉진제로 식전요리(전채요리)를 말함
Arm Chair	팔걸이가 있는 의자
Arm Towel	팔에 걸쳐서 사용하는 Service용 napkin
Aromatic	향기로운, 향성의
Barbecue	육류를 통채로 불에 직접 닿게 하여 익히는 방법
Boiling	요리방법 중 비등점 이상으로 끓이는 방법
Booking	예약을 뜻함(Reservation)
Base(Liquor)	Cocktail을 만들 때 가장 기본이 되거나 주재료가 되는 술(기주)
Bill	계산서(일련번호가 있으며 Original, Statement, Receipt의 3매로 구성)
Bin Card	물품의 재고 및 출입상황을 기록하는 카드로서 창고 또는 물건이 저장된 장소에 비치한다.
Bouquet	좋은 황인(또는 여송연)이 풍기는 향미, 향기
Bouquet Garnish	Stock을 만들 때(끓일 때) 넣는 야채다발(여러 가지 향료의 총칭)

Brioche toast	버터 달걀을 넣어 만든 작은 모양의 빵
Broiling	요리방법 중 불이 직접 닿게 하여 익히는 방법
Braised	고기나 야채를 살짝 볶는 조리방법
Broth	고기를 삶아서 만든 고기국물을 말함
Brunch	Breakfast와 Lunch의 합성어로 아침과 점심을 겸하는 식사
Breath	Wine Cork를 Open한 후 Wine이 공기와 접촉하여 Sensitivity를 없앰.
Brut	매우 Dry한 맛(Champagne의 맛을 나타내는 용어)
Brochette	꼬챙이에 꽂아서 음식을 굽는 것. 산적. cf. Skewer
Bisque	조개류 갑각류를 재료로 하여 만든 걸쭉한 Soup
Canape	빵을 여러 가지 모양으로 작게 만들어 그 위에 가공된 여러 가지 식재료를 얹어서 한입에 먹을 수 있도록 만든 음료로서 주로 식전음료를 위한 안주 또는 Cocktail Party용으로 이용됨
Carafe	도자기 또는 유리로 만든 병모양의 용기로서 주로 House Wine을 담아서 제공하는 Decanter임.
Casserole	도기나 금속으로 만든 내열성이 강한 용기로서, 불에 직접 닿는 음식을 만들거나 담을 때 사용
Castor Set	Table에 놓는 소금과 후추 set
Cart	물건을 실을 수 있는 바퀴 달린 모든 운반기구의 총칭
Crepe	넓적하게 부친 Pan Cake과 같은 것.
Coffee Break	주로 점심식사 2~3시간 후에 행해지는 짧은 휴식시간을 말함.
Brandy Snifter	입구가 좁고 밑 부분이 넓은 Tulip 모양의 Cognac glass
Charcoal Broiler	숯불에 직접 굽는 조리기구
Chit Tray	고객에게 잔돈을 거슬러 드릴 때 사용하는 작은 쟁반
Chateau Briand	소의 등뼈 양쪽에 붙어있는 안심中에서 가장 연한 부분인 머리쪽 가운데 부분을 말함.
Candy	설탕을 입혀 달콤하게 하는 方法 또는 사탕과자
Chaser	독한 술을 마신 후 마시거나 또는 희석시켜 마시기 위해 Base

	에 곁들여 제공하는 물, 청량음료, 탄산수 등
Chafing Dish	열을 가해 음식이 식지 않도록 해서 연회 행사나 Buffet 식당에서 뜨거운 음식을 담아 제공하는 용기
Confirmation	예약이나 약속을 한 후 확인하는 것
Cellar	포도주 저장창고 또는 진열장
Cutlery	식사용 칼붙이 기구(Knife, Fork, Spoon 등)
China Ware	각종 도자기 그릇의 총칭
Condiment	음식을 조리할 때 쓰이는 각종 양념류의 총칭
Confis	야채를 옆으로 뉘어서 가지런히 놓는 방법
Copper	구리로 만든 그릇(냄비)종류
Chef	요리사 장, 단위 주방의 장, 또는 특별한 기관의 책임자, 장, 우두머리.
Cordial	단맛과 향미를 더한 알콜성 리큐어(Liqueur)
Crumb Sweeper	Table의 빵 부스러기 등을 치우기 위한 도구
Cork Screw	Cork로 된 병마개를 따는 기구
Continental Breakfast	유럽식 아침식사. 계란요리 없이 Juice, Toast, Coffee로 이루어 짐.
Crustacea	게, 가재, 새우 등의 갑각류
Carbonated	Sparkling Wine을 비롯한 탄산음료
Cave	Cellar와 동의어
Coaster	음료 서비스 시 Glass를 받치는 천이나 종이 제품
Claret	프랑스 Bordeaux 지방산의 최상급 Red Wine을 일컫는 말
Corkage Charge	고객이 휴대하고 온 술이나 음료를 마실 경우 이를 Service해주는 대가로 고객이 지불해야 하는 요금
Consomme	Stock을 정제하여 만든 맑은 Soup
Cutlet	얇게 저민 고기나 생선에 밀가루, 계란, 빵가루 등을 묻혀서 Fry한 요리
Cradle	Red wine service시 사용되는 바구니나 Holder를 말함

Cloak room	휴대품이나 외투 등을 보관하는 장소(Check Room)
Compote	설탕물에 절인 과일
Cocotte	(불) Stew 냄비, 작은 토기의 냄비
Crouton	(불) Bread(Toast)를 Dice로 잘게 썰어 기름에 튀긴 것
Candelabrum	가지 장식 달린 촛대
Chef de Rang	(불) Captain
Commis de Rang	(불) Waiter
Cereal	곡식, 곡물류. Breakfast용 Food 中 Cornflakes, Oatmeal 등의 곡물 가공품.
Demitasse	작은 커피 잔
Dish Dolly	접시를 쌓아 운반할 수 있도록 만든 Cart
Distilled	양조 과정 중 증류주를 말함
Dry	Sweet의 반대되는 말로 당분의 함량이 적거나 거의 없는 상태의 술맛을 말함.
Dressing	Salad에 맛을 내기 위해 여러 가지 양념을 가미하여 만든, 독특한 맛을 가진 Sauce.
Drapes	Table의 가장자리를 장식하는 주름진 천(Skirt)
Deuce Table	2인용의 작은 Table
Dice	야채류를 주사위 모양으로 작게 자른 모양
D.O.M	"최선 최대의 신에게 드린다."라는 뜻의 라틴어로 원어는 Deo Optimo Maximo. Benedictine의 별칭
Decanting	Wine의 찌꺼기를 거르거나 다른 용기에 옮겨 담는 것
Decanter	각종 음료를 담는 용기로서 Cocktail Decanter, Wine Decanter 등이 있다.
Delicatessen	조제식품(간편하게 식탁에 내놓을 수 있게 조리된 고기, 치즈, 샐러드, 통조림 등) 또는 조제식품 판매점을 말함
Demi Sec.	(불) Semi Dry(Medium Dry Wine을 말함)
Dom Perignon	Champagne의 양조술(발포성)을 최초로 발견한 프랑스 사

람. Champagne(수도원 신부)의 상표이름

Doux	(불) Sweet
Doily	접시 혹은 Table위에 깔아서 모양을 내거나 그 위에 놓은 물체가 움직이지 않도록 하는 받침
Dough	특정한 음식 특히 Dessert를 만들기 위한 밀가루 반죽
Eared Bowl	양쪽에 손잡이가 달린 그릇
Entertainer	식당이나 Bar에서 음악연주를 하는 연주자 및 가수를 말함
Entree	(불) 식사 Course중에서 주요리가 되는 것
Espresso	(불) Coffee 분말에 증기를 통하게 하여 만드는 진한 Coffee
English Muffin	영국식 아침식사용 빵
Fermentation	양조과정 중 발효를 말함
Finger Bowl	음식을 손으로 잡고 먹은 후 손가락을 닦을 수 있도록 물을 담아 제공하는 그릇
Fileting	주로 생선의 뼈나 껍질을 추려내는 작업(형태)
Flaming(Flambee)	주로 French Service중, 식사의 맛을 내고 고객에게 보이기 위해 고객의 Table 앞에서 특정한 술로 불꽃을 만들어 요리하는 것.
Fair	Festival을 의미함
Festival	일정장소에서 판촉 활동이나, 고객에게 Service하는 의미의 축제 행사
Frying	기름을 이용한 튀김요리로서, 음식이 기름에 완전히 잠기도록 하는 Deep Frying과 일부만 잠기는 Pan Frying 방법이 있다.
Flat Ware	Table에서 사용하는 은 기물의 총칭(Cutlery)
Fortification	Port Wine이나 Red Wine 외 알콜 주정을 높이기 위해 주정(Spirits)을 첨가시킴(Fortified)
Frappe	(불) 아주 차갑다는 뜻. Liqueur의 경우 가루 얼음과 함께 Serve한다.
Float	술의 비중을 이용하여 한 가지 술에 다른 술을 직접 혼합하지 않

	고 위에 붓거나, Cocktail에 아이스크림을 얹을 때 쓰이는 말.
Gratin	음식물을 그릇에 미리 담아 그대로 익혀서 Serve하는 형태
Grand Cru	(불) Wine 등급의 종류 中 오래 숙성시켜 질을 보증하는 것
Grill	석쇠에 각종 음식물을 올려 익히는 조리方法
Greeting	손님을 맞이하는 일체의 행위
Gueridon	(불) French Service시 고객의 Table앞에 미리 위치시켜 음식을 올려 놓고 요리하는 Service용 Cart
Goblet	굽이 달린 (Stemed) Glass류를 말함
Glazed	음식물에 설탕, 시럽 등을 발라서 윤이 나고 약간 달콤하게 한 것
Glass Rack	각종 glass류를 종류별로 꽂을 수 있도록 철사망 혹은 플라스틱 등으로 만든 용기
Garniture	접시에 담겨진 음식물에 곁들여 장식을 하는 것(고명)
Granule	곱게 갈아서 미립자로 만드는 것
Game	엽조류, 사냥해서 잡은 날짐승
Hollow Ware	속이 오목한 형태의 각종 Service용 은도금(구리) 기물류를 말함
Hors D' oeuvre	1) 음료에 곁들이는 안주 2) 양식의 첫 번째 Course로서 식욕촉진제로 만든 요리 (Appetizer의 뜻과 같음)
Herb	식용(약용)향료의 총칭
Jug	주둥이가 넓고 손잡이가 있는 항아리, 주전자, 단지
Ice Bin	운반하기 쉽도록 바퀴를 달아 만든 얼음 통
Julienne	(불) 야채를 가늘고 길게 써는 방법
Jar	주둥이가 넓은 병, 항아리 단지
Jigger	Cocktail 등을 만들 때 사용하는 기구 또는 용량의 단위
Lager Beer	저온살균 처리한 맥주
Liqueur	식물의 잎, 뿌리, 열매, 껍질 등 약초에 향료와 당분을 가미한 혼성주로 주로 식후에 마시는 술.

Liquor	알콜성 음료의 총칭
Ladle	국자(모양의 주방용 기구)
Linen	Table Cloth, Napkin, Drapes등 천으로 된 모든 것의 총칭
Lay Out	배열되어 놓여있는 상태
Muddler	Cocktail 따위를 저을 수 있도록 만든 막대(Swizzle Stick)
Mug	금속 또는 도자기로 만든 손잡이가 있는 원형 컵
Mustard	겨자
Miscellaneous	영업상 필요한 각종 소모품류의 총칭
Mollusca	연체동물(낙지, 오징어 등)
Meuniere	(불) 밀가루를 묻힌 다음 Pan fry 한 것.
Mise-en-place	(불) 영업장을 개장하기 전 고객을 맞이할 제반 준비를 하는 것
Molton	Table에 깔아 감촉을 좋게 하고 소리를 없애는 깔개(Green Color)
Mutton	어린 양고기
Maitre d' Hotel	(불)식장(또는 여관, 클럽 등)의 지배인, 책임자
Meringue	설탕과 계란흰자위 따위를 섞어 구워서 파이 따위에 입힌 것 : 파이 따위에 계란 흰자와 설탕물 부풀려서 구워낸 것
Name Card	주로 연회행사시 참석자의 이름이나 직함을 적어 Table위에 비치하는 것(Tent Card, Name Plate)
Numbering Stand	연회행사시 참석자가 자기 Table을 쉽게 찾을 수 있도록 표시한 테이블 번호 표시판
No Show(Guest)	예약을 해놓고 나타나지 않는 고객
Order Taking	고객으로부터 주문을 받는 것
Oblong	장방형(직사각형)
On the Rock	얼음에 술을 넣어 마시는 형태
Oval	타원형(계단형)
Outlet	판매망을 일컫는 영업 또는 매장을 말함.
Over Easy	계란요리의 Fried 방법으로 양면을 익힌 것

Pot	항아리 모양으로 된 병
Pate	고기류를 아주 잘게 다진 형태
Pickle	야채를 식초 소금물에 절이는 것
Pitcher	손잡이가 달린 물 주전자
Poaching	끓는 물에 잠기게 하여 익히는 조리방법
Portion	한사람의 몫, 1인분의 양
Poultry	가금류(예 : 오리, 칠면조, 닭)
Petit	(불) Little & Pretty
Port Wine	Portugal산 Wine으로 강화주임 Dessert Wine으로 사용됨
Raspberry	산딸기
Rosso	(이) Red Rouge(불)
Reservation	예약
Recommend	주문을 받을 때 고객에게 음식을 추천하는 것을 말함
Receipt	직사각형
Relish	음료에 곁들이는 작은 모양의 신선한 야채
Rechaud	음식이 식지 않게 남비나 접시를 올려놓는 뜨거운 쇠판, 음식을 데우는 기구
Russian Service	큰 접시(Platter)나 쟁반(Tray)에 음식을 담아 미리 Table에 놓여진 고객용 접시(Dish류)에 나누어 Service하는 형태
Rim	가장자리 (Glass Rim)
Roux	(불) 밀가루와 버터를 같은 양으로 넣고 볶은 것
Rib	갈비부분을 말함
Roast	조리방법의 하나로 간접불로 음식물의 익힘
Sec	(불) Champagne에 사용되는 용어로 Dry의 뜻
Sommelier	(불) 포도주를 전문적으로 취급, 판매하는 사람(Wine Waiter)
Saute	기름이나 Butter에 음식물을 볶는 조리방법

Salmon board	훈제된 연어를 Slice하거나 Slice해서 올려놓은 연어모양의 도마
Sanitation	위생
Speciality	특별히 추천할만한 음식이나 요리. Today' s Speciality
Square Table	정사각형의 Table
Station	식당 등에서 Service에 편리하도록 나눈 하나의 Service Area 또는 가구 (장비) 그 자체
Stew	은근한 물로 끓이는 요리방법 또는 그 요리
Squeezer	압착하여 과일 등의 즙을 짤 수 있도록 만들어진 기구(예 Lemon Squeezer)
Strainer	거르는 기구(여과기)
Stemmed Glass	손으로 잡을 수 있는 굽이 있는 Glass
Stock	육류나 생선을 부재료와 야채 등을 넣고 삶아 낸 국물. Soup이나 Sauce를 만들기 위한 기본재료임
Steaming	수증기로 음식물을 익히는 요리 방법
Suggest	(식음료를)추천하다. 권하다.
Smoking	톱밥 등을 태워 더운 열기나, 연기를 쬐어 요리하는 방법
Shaker	Cocktail을 만들 때 Base, Chaser, 얼음 기타 재료를 넣어 섞는 기구
Show Plate	주로 고급(양)식당에서 Table의 미관을 아름답게 하기 위하여 놓아 두는 Plate로 동이나 도자기로 만든 것이 많음
Steward	영업장에서 사용하는 각종 기물류를 보관 관리하고, 기물의 세척을 담당하는 부서
Stacking Chair	여러 개를 포개서 쌓을 수 있도록 만든 의자. 많은 양을 필요로 하는 연회장에서 주로 사용함.
Saucer	Bowl이나 Cup 등을 받치는 접시 Underliner
Sparkling	발포성 음료
Supper	저녁식사, Dinner보다 간단한 저녁식사

Simmering	끓는 물에 살짝 데치는 요리방법
Table Wine	식사 중에 마시는 wine
Table d' Hote	정식. (cf) A LA Carte
Tannin	탄닌산, 음식이나 음료에 함유된 떫은 맛
Tongs	집게. 얼음이나 음식을 집는데 사용되는 기구
Tenderloin	육류의 안심고기
Tumbler	자루(굽)가 달리지 않은 음료 잔 (예 Highball Glass)
Tureen	뚜껑이 있는 주발. Russian Service에서 주로 Soup등을 여러 명분을 담아서 각 손님에게 제공할 수 있는 Service용 그릇
Trimming	짜투리 고기를 잘라냄. 요리의 고명, 곁들임
Tournedos	안심의 끝부분을 말함
Truffle	향신료로 사용되는 흑균, 지하에서 서식
Trocken	Dry의 뜻
Table Service	일정장소(식당)에 Table과 의자를 비치하고 고객의 주문에 의해 접객원이 Service 하는 것
Underliner	받침접시
Vin	Wine
Veal	송아지 고기
Wine Steward	Wine을 전문으로 담당해서 Service하는 사람(Sommelier)
Wagon	Service용 Cart류
Waiter Knife	주로 Wine을 Open할 때 사용하는 작은 주머니칼
Waffle	밀가루, 우유, 달걀, 따위를 섞어 구은 Cake의 일종
Vegetarian	육류를 먹지 않고 채식을 하는 사람(채식주의자) 주로 인도에 많음.
Vichysoisse	진한 찬 감자 Soup
Vintage Chart	포도주의 생산년도를 알기 쉽게 표시해서 포도를 수확한 연도를 표시
Young Wine	1~2년 저장하며 5년 이내에 마시는 포도주

Sunny Side Up	계란 요리의 Fried 방법 중 한쪽면만 익힌 것
Service Sequence	음식 서비스 순서
Petits Fours	식후에 Coffee등과 함께 제공되는 작은 케이크나 과자류
Cole Slaw	Cabbage를 가늘고 길게 썬 것
Inventory	식음료 재료, 각종 기물 등의 재고 조사
Last Order	영업종료 전의 최종주문
Ounce(oz)	8 Tea Spoon의 양(28.3g)

영어로 숫자 읽기

기 수		서 수	
1	one	1st	first
2	two	2nd	second
3	three	3rd	third
4	four	4th	fourth
5	five	5th	fifth
10	ten	10th	tenth
11	eleven	11th	eleventh
15	fifteen	15th	fifteenth
20	twenty	20th	twentieth
21	twenty-one	21st	twenty-first
22	twenty-two	22nd	twenty-second
25	twenty-five	25th	twenty-fifth
30	thirty	30th	thirtieth
33	thirty-three	33rd	thirty-third
40	forty	40th	fortieth
44	forty-four	44th	forty-fourth
50	fifty	50th	fiftieth
55	fifty-five	55th	fifty-fifth
60	sixty	60th	sixtieth
66	sixty-six	66th	sixty-sixth
70	seventy	70th	seventieth
77	seventy-seven	77th	seventy-seventh
88	eighty	88th	eighty-eighth
99	ninety	99th	ninety-ninth
100	a(one)hundred	100th	a(one)hundredth
1,000	a(one)thousand	1,000th	a(one)thousandth
10,000	ten thousand	10,000th	ten thousandth
100,000	a hundred thousand	100,000th	a hundred thousandth
1,000,000	a(one) million	1,000,000th	a(one)million
1,000,000,000	a(one) billion	1,000,000,000th	a(one)billionth

기타 숫자	
101	a(one) hundred(and) one
153	a(one) hundred(and)fifty-three
365	three hundred and sixty-five
750	seven hundred and fifty
623	six hundred and twenty-three
8,012	eight thousand and twelve
2,350	two thousand and three hundred (and) fifty
9,542	nine thousand five hundred and forty-two
520,002	five hundred (and)twenty thousand and two
789,567	seven hundred and eighty-nine thousand, five hundred and sixty-seven
2,000,000	two million
130,000,000	a hundred and thirty million
12,345,678	twelve million, three hundred (and) forty-five thousand, six hundred and seventy-eight

분수와 소수	
1/2	a(one)half
1/3	a(one)third
1/4	a quarter
1/8	one eight
3/4	three quarters
1/16	one sixteenth
4/462	four over four-six-two
20/83	twenty over eight-three
27/2	twenty-seven over two
33/10	three and three over ten
0.5	point five
0.75	point seven five
3.5	three point five

이력서 작성의 기본 Point 10

(1) 간단명료하되, 구체적으로 기술

읽는 사람으로 하여금 짧은 시간 내에 작성자의 인적사항에 대해 알 수 있도록 기재내용을 간추려 쓴다. 또한 출신학교나 자격증뿐만 아니라 수상경력, 대내외적인 활동 등 자신의 능력이나 장점을 돋보이게 할 수 있는 사항을 기술하여 읽는 사람에게 호감을 갖게 하는 것도 중요하다.

(2) 과장됨 없이 솔직한 작성

기업체에서는 성실한 사람을 요구한다. 그러므로 이력서 작성 시 가장 주의해야 할 점은 허위나 과장됨이 없어야 한다는 사실이다.

(3) 정성들여 깨끗이 작성

과거에는 기업이 국한문 혼용을 요구하기도 했으나 요즘은 그렇지 않으므로 한자는 꼭 필요한 부분에만 쓰도록 하고 오탈자가 없도록 주의한다. 틀린 글자는 수정액을 사용해 고치기보다는 새로운 용지에 다시 쓰는 정성을 보이는 것이 좋다.

(4) 정성들인 자필로

이력서는 자기 자신을 스스로 소개하는 글이므로 자필로 작성하는 것이 원칙이다. 글씨에 자신이 없는 경우 컴퓨터 워드 시스템을 이용한다.

(5) 호주와의 관계는 호주의 입장에서

인적사항에는 이름, 주민등록번호, 생년월일, 주소 등을 적는다. 특히"호주와의 관계"란을 틀리기 쉬운데 이는 호주 측에서 본 관계를 말하는 것으로"장남" "차녀"의 식으로 기입해야 한다.

(6) 응시기업과 관련된 실무능력을 위주로 작성

자격증은 국가적으로 공인된 자격증을 발령청과 아울러 적는다. 이밖에 워드나 엑셀, 파워포인트, 컴퓨터속기, 속기 등 사무관리 분야의 자격증이나 면허

증 등 특기할 만한 내용을 기록하고 응시기업이나 업무와 관련된 연구업적 및 아르바이트, 상벌, 외국어 관련 시험 성적이나 봉사활동, 써클 활동 등을 적어 좋은 인상을 심어줄 수 있도록 노력해야 한다.

(7) 연락처 및 응시부분 명기

이력서 우측상단에 직접 연락이 가능한 전화번호를 반드시 명기하고 더불어 요즈음엔 e-mail주소 란이 기본이 되어가고 있다. 또 본인이 희망하는 업무, 지원하는 응시부문을 정확히 써두어야 한다.

(8) 사진은 단정한 것으로 규격에 맞게 사용

사진은 반드시 3개월 이내에 촬영한 최근의 것으로 정해진 규격에 맞는 것을 정확히 부착해야 한다. 사진은 그 사람의 인품을 판단하는데 중요한 자료가 되기 때문에 자세가 바르며 두발 복장상태가 단정하고 깔끔한 정면 상반신 사진이 좋다. 절대 3분 칼라사진을 쓰지 말라. 사진 찍을 때의 복장도 가능하면 정장 차림이 좋은 인상을 줄 수 있다. 사진을 붙이거나 첨부할 때에는 주민등록번호와 이름을 사진 뒷면에 적어 유실을 방지하는 지혜도 필요하다.

(9) 시간적 여유를 두고 신중히 작성

충분한 시간적 여유를 가지고 차분하게 작성해야 내용도 충실하다. 또한 빠진 내용이나 잘못된 내용을 줄이려면 시간에 쫓겨 급히 작성하는 일은 피해야 한다.

(10) 깔끔한 서명과 도장

맨 윗부분의 성명 란과 아래 부분의 서명 뒤에도 도장을 찍어 마무리함으로써 빈틈없는 깔끔한 인상을 주도록 한다.

영어 이력서

시대의 흐름이나 고용 정세의 변화에 따라 레쥐메(Resume · 이력서)의 송부 방법이나 포맷도 달라져 오고 있다. 미국에서는 '80년대 무렵까지는 학력이나 경력 등 과거의 학력이나 경력 등 과거의 자신에게 있어왔던 사실만을 기록한 가장기본적인 클로노로지컬 레쥐메(Chronological Resume · 연대학적 이력서 작성 방법)가 주를 이루었다.

자세하게 말한다면, 자신에게는 이런 능력이 있으며 이렇게 뛰어나다 라는 선전을 커버레터에 포함시켰다. 원래 클로노로지컬 레쥐메(Chronological Resume)라는 것은 고용이 안정되어 있던 시대에 한 회사에 평생 근무하거나 또는 같은 업계나 같은 직종에서 착실하게 승진해 간다고 하는 전제하에 만들어진 포맷(format)이었다.

'80년대에 들어와 경기가 후퇴하고 고용의 안정이 붕괴되어 전직이 빈번하게 일어나면서, 동시에 여성의 사회진출 등에 따라 수 십 년이나 쉬임 없이 고용시장에 참가한다고 하는 전제가 무너지고, 고용형태가 다양화 되었다.

일반적으로 학력란(Educational Background)은 고졸부터 기입하고 입학사항 기재 시 전문대학생의 경우 입학년도와 함께 "Entered the Department of Tourism of YeungJin Junior College"라고 쓰면 된다.

이제 한국 주재 다국적 기업이나 외국계 은행 등에 채용될 경우에 대비하여 영문이력서 작성과 자기 소개서 등 필요사항을 미리 익혀두면 좋을 것이다. 아래 영문 이력서 양식은 한국식 영어 이력서이므로, 필요하다면 대학 도서관이라든가 서점에 가서 영국식 이력서 작성 방법을 알아두는 것도 앞으로 사회활동에 크게 도움이 될 것이다.

●영어 이력서의 구성요소

영문 이력서는 국문의 경우처럼 규격화된 일정한 양식은 없지만, 그렇다고 해서 내키는 대로 제멋대로 써서는 안 된다. 여기에도 사회적 통념으로서 기준이 되고 있는 스타일과 당연히 기술해야 하는 내용들이 있다.

① Personal Data(Identifying Information)

이름, 주소, 전화번호, 생년월일, 성별 등을 기록한다.

② Job Objective(Career Objective)

희망하는 직종과 직무를 기재하며 Goal이라고도 한다.

③ Qualifications(Capabilities)

희망직무에 대응하는 능력과 자질을 기재한다.

④ Work Experience(Employment)

원칙적으로 최근의 것으로부터 과거로 거슬러 올라가면서 적는다. 특히 경력자인 경우는 우리말 이력서와는 반대로 경력을 학력보다 먼저 적는다. 학생일 경우는 아르바이트 경험을 적는다.

⑤ Education(Educational History)

특별한 요구가 없는 한 최종학력만을 적으면 된다. 전문대나 대학졸업자이면 초등학교, 중학교 등은 적을 필요가 없다. 대학원 졸업인 경우에는 대학 학력부터 적는다.

⑥ Activities(Curricular Activities or Extra-Curricular Activities)

학교에서의 동아리활동과 자원봉사 등 사회활동을 요약해서 쓴다. 요즘에는 자원봉사활동을 적극적으로 평가하는 기업이 많아지고 있다.

⑦ Special Achievement

특히 희망하는 업무에 도움이 되는 기술이나 특기를 쓴다.

⑧ Honors and Awards(Additional Remarks)

상벌관계도 역시 교내외적인 행사에서의 수상경력이나 각종 표창경력을 기록한다.

⑨ References

이력서에는 우선 Available on request 또는 Furnished promptly upon request(요구 시 즉시 제출하겠음)라고 적어두면 된다.

일반적으로 경력자라면 이전 근무처의 상사나 대학의 지도교수 등의 연락처를 쓰면 되고 별도의 양식은 없다. 졸업예정자의 경우는 지도교수나 선배, 프로젝트 수행경험시 책임자급으로 하면 무난하다. 신원보증인이라기보다는 본인의 능력이나 자질에 대해 보증할 수 있는 제3자를 말하며, 부모 형제나 친척은 해당되지 않는다. 물론 위에 언급한 항목을 모두 빠짐없이 망라해야 하는 것은 아니다. 자기에게 맞게 적절히 취사선택해도 되고, 또 순서도 자기가 가장 강조하고 싶은 요소를 앞으로 가져가는 등 앞뒤를 바꿔도 무방하다. 단, 개인정보(이름, 주소, 전화번호), 희망직종, 학력, 경력, 신용 조회와 같은 5가지 요소는 빠짐없이 기재해야 한다.

●작성상의 주의 점과 마무리

외국계기업의 Resume는 구체적(Specific) & 현실적(Realistic)이어야 함을 명심해야 한다.

① 문장이 아니라 간결한 어구로 표현한다.

문장이 될 경우에는 되도록 짧고 간결하게 적는다. 마침표와 쉼표를 정확하게 붙이고, 문법적으로도 틀리지 않도록 한다. 이력서의 주어가 I인 것은 자명하므로 주어 I는 생략하고, 특히 복수의 "S"와 시제에 주의한다.

② 경력과 학력은 최근 것으로부터 시작해서 과거로 거슬러 올라간다.

중요한 부분에는 스페이스를 많이 할애한다. 가능하면 빈 난이 없도록 하며, 휴학 휴직 으로 장기간의 공백이 있을 경우에는 그 이유를 확실하게 적는다.

③ 경력에서는 어느 회사의 어떤 직책에 있었다는 것보다는 거기에서 무엇을 담당하고 어떤 실적을 올렸는가에 중점을 두어 쓴다.

만약 본인의 경력이 지망분야의 Position과 정확하게 일치하거나 유사하다면 경력과 관련한 Employment Highlight(경력기술서)를 작성하여 첨부할 수도 있다. 예를 들어, 매출액 증가, 거래처 확대, 경비절감, 능률개선 등 자기가 기여한 사실을 구 체적으로 예를 들어 기술한다.

④ 학력에 관해서도 마찬가지로 정리한다.

대학에서 무엇을 공부했고 성적이 어땠는지를 명확하게 쓴다. 전공, 부전공, 과목 외에도 희망 직종과 관련이 있는 이수과목도 언급한다. 취득한 학위는 빠짐없이 적는다.

⑤ 특정 업종이나 업무에 관련된 전문용어의 사용은 피하고, 알기 쉬운 표현으로 바꾼다.

채용 담당자가 전문용어에 정통하고 있다고는 장담할 수 없으므로, 누구나 알아들을 수 있는 표현으로 기술하는 것이 바람직하다. 즉 읽는 사람의 입장에서 읽기 쉽고 이해하기 쉽도록 쓴다.

⑥ 약자는 가급적 사용하지 않는다.

자주 나오는 말은 처음 나올 때 완전한 말과 약어를 함께 적어 놓는다. 예를 들어 Bank of Korea(BOK)라고 적고 , 그 이하에서는 BOK라고만 적으면 된다.

⑦ 자신의 세일즈 포인트가 상대방에게 잘 전달되도록 표현하며 희망 직종이나 관련이 없는 사항, 플러스 요인이 되지 못하는 것은 생략한다.

⑧ 내용이 너무 길어지지 않도록 다듬어서 A4용지 한 두 장에 다 들어가게 한다.

경력사항이 긴 경우에는 별지(경력기술서)로 요약해서 첨부한다.

Personal History

■Personal Date

Name in full : Roh Kyung-Chol

Date of birth : May 28, 1985

Sex : Male

Age : 20

Family Relation : The first son of Chong-hwa Roh

Present Address : 143, Bokhyun-dong, Buku, Daegu, Korea

Telephone : 053~940~5390

■Educational background

February, 2005 : Graduated from Daegu high school, Daegu, Korea.

March, 2005 : Entered the department of Tourism of Yeung-Jin Junior College Daegu, Korea.

February, 2007 : Graduated from the Above.

■Special Achievements

Earned the 1st grade Powerpoint given by the Commerce and Industry in 2003 Earned the 1st grade English shorthand given by the chamber of Commerce and Industry in 2005

■Rewards and Punishments

Awarded a grand priz in the Nationwide College Student English Speech Contest sponsored by Ministry of Eduction in 1999.

I hereby certify that all the above statements are true and correct to the best of my knowledge.

Roh Kyung-Chol

August 25, 2005

자기소개서 작성법

최근 변화를 겪고 있는 기업들의 채용에 따라 그들이 원하는 인재상도 많은 변화를 보이고 있다. 그 중에서 가장 두드러진 것은 입사지원자의 외적인 배경보다는 실질적인 능력과 조직 구성원으로서의 자질을 더욱 중시 한다는 점이다. 따라서 입사지원자의 내실을 평가할 수 있는 구체적인 자료의 하나인 자기소개서의 중요성은 더욱 커진다고 볼 수 있다.

인사담당자들은 자기소개서를 통해 응시자의 가정환경, 성장과정, 대인관계, 성격, 조직 적응력 등을 알게 되며 직업관, 인생관, 그리고 그 사람의 장래성까지 파악할 수 있다. 또한 문장력을 통해 문장구성, 논리성뿐만 아니라 자신의 생각을 표현해 내는 능력까지 테스트하게 된다.

가. 자기소개서를 통해 기업이 알 수 있는 네 가지 사항

(1) 가정환경과 성장과정을 통해 각 개인의 성격 또는 가치관

(2) 학교생활이나 동아리 활동을 통해 그 사람의 대인관계나 조직에 대한 적응과 성실성, 책임감, 창의성 등.

(3) 전공 외에 어학실력, 컴퓨터응용능력, 관심 있는 분야에 대한 전문성

(4) 어떠한 동기로 지원하게 되었고 또 입사 후에는 어떠한 자세로 임할 것이며 그 사람의 장래성은 어떠할 것인가.

나. 자기소개서, 어떻게 작성해야 할까?

자신이 말하려 하는 내용을 가장 정확하게, 가장 알기 쉽게, 가장 단순하게, 가장 적은 단어수로. 이는 한 마디로 말해 읽기 쉽고 이해하기 쉽게 작성하는 것이 자기소개서를 잘 쓰는 비결이라는 것이다. 말은 간단하나 꽤 까다로운 문제이다. 같은 글이라 할지라도 구성방법에 따라 문체에 따라 각 개인마다의 개성이 나타나게 마련이다. 직접 대면하기 앞서 서류로써 자신을 보이는 과정 이므로 단어 하나하나마다 신중을 기하고 자신의 개성을 부여하도록 하자.

다. 자기소개서 작성 시 유의사항

자기소개서 작성 시 지나치게 일정한 형식이나 틀에 얽매일 필요는 없으나 반드시 언급해야 할 중요항목들이 있으므로 놓치지 않도록 주의하자.

(1) 성장과정

자신이 어릴 때부터 성장해온 과정을 연대기적으로 서술하되 너무 길어지지 않도록 기술한다. 독창적이고 흥미로운 시작으로 인사담당자의 긴장감을 불러일으킬 수 있도록 해야 할 것이다.

(2) 성격 및 장단점

자신의 성격을 자기 스스로 기술하기란 쉽지 않으므로 이럴 때는 간접묘사의 기술방식이나 자신의 성격을 규정지울 수 있는 어떤 사건을 제시한 후 실마리를 풀어보는 것도 하나의 방법이 된다. 장점은 눈에 거슬리지 않도록 세심한 주의를 기울이되 최대한 부각될 수 있도록 하고 단점에 대해서는 솔직한 태도로써 개선의 의지를 함께 보여 주도록 한다.

(3) 학교생활

학교생활은 자기소개서에서 다루어지는 핵심 부분으로서 기업에도 매우 중요한 자료가 된다. 특히, 전공, 자격, 주요활동 등에 대한 게재내용은 지원업무와 직접적으로 연관되기 때문에 세심한 관찰대상이 되므로 자신의 이력에서 지원분야와 관련이 깊은 부분에 역점을 두는 요령도 필요하다.

(4) 지원동기 및 포부

그 회사에 지원하게 된, 혹은 그 업무를 희망하는 이유나 동기를 확고한 주관을 바탕으로 밝혀두어야 한다. 해당 기업의 업종이나 특성 등과 자기의 전공 또는 자격, 희망 등을 연관시켜 입사 지원동기를 밝힌다. 장래 희망이나 포부를 통해 일에 대한 의욕과 인생관을 피력하는 것이 중요하다.

자기 소개서

성 명 :

성장 과정 :
성격 및 장단점 :
학교생활 :
지원동기 및 포부 :

이 력 서

☎ 연락처 ①
②

<table>
<tr><td>성명</td><td></td><td>한문</td><td></td><td rowspan="3">사
진</td></tr>
<tr><td>주민등록번호</td><td>-</td><td>성별</td><td>남 · 여</td></tr>
<tr><td>생년월일</td><td>년
월 일생
(만 세)</td><td>신장</td><td>cm</td></tr>
<tr><td>주 소</td><td colspan="4"></td></tr>
<tr><td>호적관계</td><td>호주 의</td><td>병역사항</td><td colspan="2">군필 · 미필 · 면제</td></tr>
</table>

<table>
<tr><th>년 월 일</th><th>학력사항</th><th>전공</th></tr>
<tr><td></td><td>고등학교 (과) 졸업</td><td></td></tr>
<tr><td></td><td>대학 계열(과) 입학</td><td></td></tr>
<tr><td></td><td>대학 계열(과)
졸업 (예정)</td><td>전공</td></tr>
</table>

<table>
<tr><th>년 월 일</th><th>주요경력사항</th><th>근무부서</th><th>근무년수</th></tr>
<tr><td></td><td></td><td></td><td>년</td></tr>
<tr><td></td><td></td><td></td><td>년</td></tr>
<tr><td></td><td></td><td></td><td>년</td></tr>
</table>

<table>
<tr><th>년 월 일</th><th>자격/면허/인증서/포상관련 사항</th><th>발행기관</th></tr>
<tr><td></td><td></td><td></td></tr>
<tr><td></td><td></td><td></td></tr>
<tr><td></td><td></td><td></td></tr>
<tr><td></td><td></td><td></td></tr>
<tr><td></td><td></td><td></td></tr>
<tr><td colspan="3">위 사항이 틀림없음을 확인합니다.
서기 년 월 일
지원자 : ㊞</td></tr>
</table>

참고문헌

■ 국내문헌

· 觀光 生活 英語 1996年 白山 出版社
· 호텔 實務 英語 2003年 技 文 社
· Practical English Conversation 2002年 민중서림
· 東亞日報 生活英語 2004~2005年 外國語 일일 會話 散策
· 觀光 英語 (English for Tourism) 1997년 技 文 社
· Tourist English Reading 1996年 白山出版社
· 인터넷 英文 履歷書 2004年 圖書出版 Interwin 編輯部
· 인터뷰 英語 1995年 內外文學
· 호텔 · 레스토랑 實務英語 1999年 白山出版社
· 호텔 調理 實務 英語 1998年 技 文 社

■ 외국문헌

· 前置詞 マスタして 英 會話 株式會社 ナツメ社
· 使える 日常 英 會話 株式會社 日本文藝社
· 毎日使える 英 會話基本プレス集 株式會社 新星出版社
· 英 會話に役立つプレ · ス１００ 株式會社 ナツメ社
· 英會話「ごれだけ」音讀 1日 30分 株式會社 角川書店
· Essential English Conversation 1970 Hotel Okura · Japan
· ホテルの 英會話 ハンドブツク 三修社

편저자

■ 서상길

영진전문대학 관광계열 교수

■ 이대홍

신흥대학 광광계열 교수

경영학 박사(세종대학교)

■ 구자혁

영진전문대학 관광계열 교수

경영학박사(세종대학교)

■ 서정태

캐나다 Toronto 대학교 어학 과정 수료

성균관대학 TESOL 석사 과정

■ 서광림

대구보건대학 관광계열 강사

영국 Strathclyde 대학교 Hospitality 석사

영어면접 회화교본

●발행일
2006년 2월 28일 초 판 발행
2009년 7월 31일 1판 2쇄 발행

●편저자
서상길/이대홍/구자혁/서정태/서광림

●발행인
한 인 환

●발행처
도서출판 **기 문 사**
서울시 동대문구 용두2동 730-4번지 홍신빌딩 3층
대표전화 : 02) 2265-7214 / 922-8662~8663
팩시밀리 : 02) 922-8772
homepage : www.kimoonsa.co.kr
e-mail : book@kimoonsa.co.kr
등 록 : 1978. 8. 9. NO. 6-0637
ISBN : 89-7723-271-6 93740

〈정가 : 14,000원〉